**미래를 위한 따뜻한 실천,
업사이클링**

초판 1쇄 발행 2018년 2월 10일
초판 5쇄 발행 2023년 10월 20일

지은이 박선희
그린이 박선하
펴낸이 이지은 **펴낸곳** 팜파스
기획편집 박선희
디자인 조성미 **마케팅** 김서희, 김민경

출판등록 2002년 12월 30일 제 10-2536호
주소 서울특별시 마포구 어울마당로5길 18 팜파스빌딩 2층
대표전화 02-335-3681 **팩스** 02-335-3743
홈페이지 www.pampasbook.com | blog.naver.com/pampasbook
이메일 pampas@pampasbook.com

값 12,000원
ISBN 979-11-7026-193-3 (73300)

ⓒ 2018, 박선희

· 이 책의 일부 내용을 인용하거나 발췌하려면 반드시 저작권자의 동의를 얻어야 합니다.
· 잘못된 책은 바꿔 드립니다.

이 도서의 국립중앙도서관 출판시도서목록(CIP)은 서지정보유통지원시스템 홈페이지(http://seoji.nl.go.kr)와 국가자료공동목록시스템(http://www.nl.go.kr/kolisnet)에서 이용하실 수 있습니다.(CIP제어번호: CIP2018002123)

미래를 위한 따뜻한 실천,
업사이클링

박선희 글 | 박선하 그림 | 강병길 감수

팜파스

어린이 친구들에게

    지금 내 주변에 놓인 물건들을 한 번씩 살펴보는 것이 어떨까요? 가방, 공책, 샤프, 색연필, 스케치북, 색종이, 장난감, 운동화 등등. 생각보다 많은 물건들과 함께하고 있지요.

    우리는 이 물건들을 문구점이나 마트에 가서 쉽게 구입할 수 있습니다. 밖에 나가 사기가 여의치 않을 때는 컴퓨터나 스마트폰으로 물건을 사기도 합니다. 클릭 몇 번이면 원하는 물건이 편하게 우리 집까지 배송되지요.

　네, 우리는 필요한 물건을 쉽게 살 수 있는 세상에서 살고 있어요. 매우 편리한 세상이지요.

　그런데, 이렇게 물건을 쉽게 살 수 있게 되면서 자연스럽게 우리가 많이 보고 접하는 것이 생겼답니다. 그게 무엇일까요? 어쩌면 우리가 평소에 친구보다 더 많이 보고 접하는 존재일지도 몰라요. 네, 맞아요. 바로 포장재입니다.

　우리는 무수한 포장재를 사용하며 살아가고 있습니다. 우리가 채 실감하기도 전에 수많은 포장재들이 우리 곁에 머물다 버려졌답니다.

　고소한 우유가 담긴 종이팩으로도 왔었고, 멋진 장난감이 든 상자로도 왔었지요. 색종이가 든 비닐의 모습으로도 왔었고, 맛있는 떡볶이가 담긴 플라스틱 용기로도 왔었답니다.

　그런데 우리는 포장재를 받아들고는 단 몇 초 만에 버리고는 합니다. 포장을 뜯자마자 바로 버리는 거지요. 그 순간이 얼마나 짧은 지 미처 포장재가 우리 곁에 왔었다는 것도 채 실감하지 못할 지경이예요.

　그래서 그렇게 버려진 포장재가 얼마나 많은지, 어디로 가는지에 좀

처럼 관심을 갖기가 힘들답니다.

　만일 그 수많은 포장재에 애정을 담아 하나씩 시선을 둔다면 어떨까요? 이 물건들은 언제 내 곁으로 왔을까요? 그런 생각으로 하나씩 포장재를 살펴본다면요?

　좀 더 나아가 이런 생각을 해본다면 어떨까요? 이 포장재들에게도 삶이 있다면 어떨까 하는 생각이요.

　만일 그렇다면 우리에게 도움이 되고자 자원을 써 가며 열심히 태어난 포장재가 우리 곁에 수초만 머무르고 삶을 마치는 게 너무 가엽고 안타깝게 느껴질 거예요.

　또 그렇게 버려진 포장재는 쓰레기가 되어 지구와 환경을 오염시키게 될 것이고요. 우리에게 몹시 나쁜 영향을 주겠지요.

　이런 마음을 가진 사람들이 저뿐만은 아니었나 봐요. 단지 포장만 되고 버려지기에는 아까운 포장재들을 새롭게 사용되게끔 하려는 움직임들이 점점 많아지고 있답니다. 그저 버려지기만 한다면 쓰레기가 될 뿐인 포장재를 멋진 재료로, 자원으로 활용하려는 움직임이지요.

　이렇게 물건의 삶을 더해, 환경을 생각하고, '새로운 가치'를 입혀 창의적인 아이디어로 발전시킬 수 있는 방법이 있어요. 이 따뜻한 실천을 우리는 이렇게 부른답니다. '업사이클링'이라고요.

　이제 미래를 지키고, 환경을 생각하며, 자원을 절약하는 따뜻한 실천, 업사이클링에 대한 흥미진진한 이야기를 펼쳐 볼까 해요.

　마린왕자와 물고기병사가 떠나는 여행에서 우리는 물건에 마음이 있다는 것이 어떤 의미인지 곰곰이 생각해 볼 수 있을 거예요. 또한 그 모험 가득한 여정에서 만나는 사람들을 보면서 평소 물건을 쓰고 버리는 우리의 모습이 어떤지도 돌이켜 볼 수 있을 거예요. 그럼 모험이 가득한 업사이클링 여행을 한번 떠나 볼까요?

차례

어린이 친구들에게 4

✨ **마린왕자와 물고기병사 세상으로 나가다!** 10

✨ **민준이와의 첫 만남! 그런데 3초뿐이라고?** 17

✨ **우리는 이제 어디로 가게 되는 걸까?** 25

✨ **그래도 소각장에만 가지 않으면 괜찮을 거야** 34

✨ **거대한 쓰레기통, 매립지에 가게 되다** 42

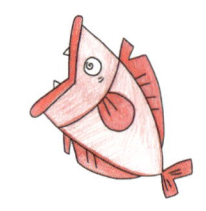

✨ **바다로 돌아간 마린왕자, 그런데…** 50

✨ **물고기병사, 새로운 삶을 시작하다** 58

✨ **왜 소녀를 '쓰레기 공주'라고 부르는 걸까?** 65

✨ **물건에도 삶이 있다고요!** 73

✨ **마린왕자와 물고기병사, 모험을 마치고 만나다** 80

포장재가 포장 쓰레기로 되는 시간, 3초
쓰레기가 되어 살아가는 시간, 수백 년   86
● 이제 지구의 주인은 포장 쓰레기가 될지도 몰라 89 ● 어쩌다 지구에 쓰레기가 넘쳐나게 되었을까? 쓰레기의 역사 91 ● 더 사고 싶게 만드는 포장 마케팅, 그리고 플라스틱 쓰레기 93

포장 쓰레기도 미처 몰랐던 쓰레기의 긴 여정을 살펴볼까?   96
● 매립지 96 ● 소각장 98 ● 쓰레기 수출 100 ● 바다에 생긴 거대한 플라스틱 섬 102

그런데 잠깐, 2차 포장이라고? 이 포장들이 꼭 필요할까?   106
● 포장을 또 포장한다고? 2차 포장에 대해 107

물건이 이렇게 많은데 왜 자꾸 물건 걱정을 할까?   111
● 유한한 지구의 자원, 이제 대안을 찾아야 할 때 111 ● 재활용이 만능 해결사가 아니라고? 113 ● 프리사이클, 일부러 불편하게 물건을 사는 사람들 116

업사이클링, 재사용을 넘어 물건에 새로운 가치를 선사하다   120
● 물건의 삶을 지켜 주는 사람들, 물건에도 마음이 있다고 생각한다면? 121 ● 쓰레기와 물건의 생산, 업사이클링 122 ● 리사이클링? 업사이클링? 다운사이클링? 124

필요한 것은 창의적인 생각뿐!
버려진 물건과 기발한 아이디어가 만난다면?   126
● 늘어나는 착한 소비자들과 업사이클링 기업들 127 ● 작은 물결이 큰 파도로! 우리나라 업사이클링 산업의 현재 130 ● 창의력과 상상력을 키워 주는 업사이클링 아트 131 ● 만드는 재미는 덤! 게임보다 더 재미난 배움이 되는 업사이클링 활동 133 ● 미래를 지키는 따뜻한 실천이 되다! 업사이클링과 지역 활동 136

마린왕자와 물고기병사 세상으로 나가다!

부스럭부스럭.

비닐이 구겨졌다 펴지는 소리에 마린왕자의 귓가가 쫑긋 해졌어요.

'드디어!'

하지만 이내 멀어져 가는 소리에 마린왕자는 아쉬움에 입맛을 쩍쩍 다셨어요. 하긴 아직 가게 문을 열 시간이 아니지요. 상자 너머로 어슴푸레한 새벽빛이 느껴져요. 마린왕자는 고개를 돌려 옆에 자리한 물고기병사를 바라보았어요. 물고기병사는 아직도 쿨쿨 자고 있었지요.

"이봐. 물고기병사. 아직도 자고 있으면 어떻게 해. 나를 보필한다면

서 맨날 나보다 더 편하게 있기야?"

"히끅. 더, 덤벼라."

"흐유."

잠결에 지느러미를 펄럭대며 잠꼬대를 하는 물고기병사가 마린왕자는 참 한심스러웠어요. 오늘이야말로 고대하던 일이 벌어질지 모르는데 말이지요. 왜냐고요? 오늘은 바로 5월 4일이기 때문이에요. 바로 어린이날 전날이지요.

아침이 되자 마린왕자는 귀를 쫑긋 세워 가게 주인이 점원에게 이렇게 말하는 것을 들었답니다.

"사장님. 마린왕자 세트가 가장 잘나가는데 맨 앞으로 진열할게요."

"그래. 내일이 어린이날인데 장난감 좀 팍팍 나가야지!"

그 말이 끝나자마자 마린왕자는 자신의 몸이 담긴 상자가 붕 뜨는 것을 느꼈답니다. 아마도 자신의 상자는 가게 맨 앞에 놓일 거예요. 당연하지요. 마린왕자는 바다 왕국 만화 시리즈에서 제일 인기 있는 캐릭터니까요! 마린왕자는 절로 어깨를 으쓱였답니다.

'오늘 가장 먼저 이 몸이 이 가게를 떠나게 될 거라고요.'

지금 초등학교를 다니는 어린이들의 가장 큰 관심사는 바로 마린왕자예요. 바다 왕국에서 물고기를 관장하는 마린왕자는 멋진 외모에 유쾌한 웃음의 소유자예요. 바다에 닥쳐온 위기를 용감하게 해결하는 멋진 왕자님이기도 하지요.

물고기병사는 마린왕자의 둘도 없는 동료이자 친구예요. 둘이 티격태격하며 떠나는 모험은 바다 왕국 만화 시리즈의 빼놓을 수 없는 재미랍니다. 바다 왕국 만화가 방영된 다음 날이면, 교실은 항상 바다 왕국 만화 이야기로 떠들썩해지지요. 그러니 어린이날에도 바다 왕국 장난감이 가장 큰 인기를 끌 수밖에요.

마린왕자는 장난감 공장에서 태어나는 그 순간부터 이날만을 손꼽아 기다려 왔어요. 쿵쾅쿵쾅 기계 소리와 화학 냄새 가득한 그곳에서도 이날만을 꿈꿨지요.

"나는 과연 어떤 사람을 만나게 될까?"

만화 캐릭터 장난감으로 태어났지만, 자신에게 진짜 세상을 구경시켜 줄 운명적인 사람을 만나게 될 이날을요. 마린왕자가 생각에 잠긴 바로 그 순간이었어요.

붕.

마린왕자의 몸이 허공에 떴어요. 마린왕자는 자기도 모르게 숨을 참고 귀를 쫑긋 세웠어요.

"엄마! 나 이거. 이거. 마린왕자와 물고기병사 세트!"

"민준아. 너 또 마린왕자니?"

'민준이?'

마린왕자는 바다를 닮은 검푸른 눈을 데구루루 굴렸어요. 아마도 운명적인 사람의 이름은 민준이인가 봐요. 마린왕자는 자기도 모르게 되뇌이고 있었어요.

'민준. 민준이. 나는 민준이의 장난감이 되는 거야.'

마린왕자의 심장도 세차게 뛰는 것 같았어요. 물론 심장이 있을 가슴 부근에는 차가운 플라스틱 피부뿐이었지요.

"민준이 얼굴, 보고 싶다."

어쩐지 마린왕자는 민준이가 좋아질 것만 같았어요. 얼굴도 모르고 목소리만 들었을 뿐이지만요. 그런데 다시 상자가 내려지는 느낌이 들었어요. 잠시 후 어른의 목소리가 들려왔어요.

"민준아. 하루만 더 고민하고 내일 다시 오자. 너 벌써 이게 몇 개째니?"

"엄마는! 이번 꺼는 최신형이잖아. 게다가 물고기병사까지!"

"김민준. 알았으니까 하루만 더 고민해 봐."

마린왕자는 눈살을 찌푸렸어요. 투덜거리는 목소리가 절로 흘러나왔지요.

"설마 지금 나를 데리고 가지 않겠다는 거야?"

물고기병사도 일어났는지 입을 뻐끔거리며 말했지요.

"뭐가 걱정이에요. 마린왕자가 제일 잘나가는데. 저 친구가 아니더라도, 오늘은 꼭 팔릴 거예요."

물고기병사의 말에 마린왕자는 입을 꼭 다물었어요.

'하지만 난 민준이에게 가고 싶다고.'

마린왕자의 간절한 바람을 알기라도 했는지 주인아저씨는 얼마 있다 문을 닫았어요. 갑작스럽게 무슨 일이 생겼나 봐요.

문이 닫히고 가게 안이 깜깜해졌지만 마린왕자는 오히려 다행스러웠지요. 오늘 다른 사람에게 팔렸으면 내일 민준이가 자신을 찾았을 때 얼마나 아쉬워했을까 하는 생각이 들었기 때문이에요.

"이봐. 물고기병사. 나는 내 운명적인 사람을 만난 것 같아."

"예? 아직 우리는 팔리지 않았는데요?"

"두고 봐. 그 친구가 내일 꼭 올 거라고. 나는 사랑받는 운명이니까."

확신에 찬 마린왕자의 목소리에 물고기병사는 그저 고개를 끄덕였어요. 물고기병사도 아마 내일이면 자신들이 어린이날 선물로 팔릴 것이 확실하다는 생각이 들었거든요.

바다 왕국의 가장 인기 있는 캐릭터인 마린왕자와 물고기병사는 이 가게에 올 때부터 예감했어요. 자신들을 선망의 눈빛으로 바라보는 장난감들이 아주 많았거든요. 그것은 인기 있는 캐릭터, 가장 사랑받는 장난감의 특권이랄까요?

깜깜한 어둠 속에서 마린왕자와 물고기병사는 기분 좋게 잠을 청했답니다.

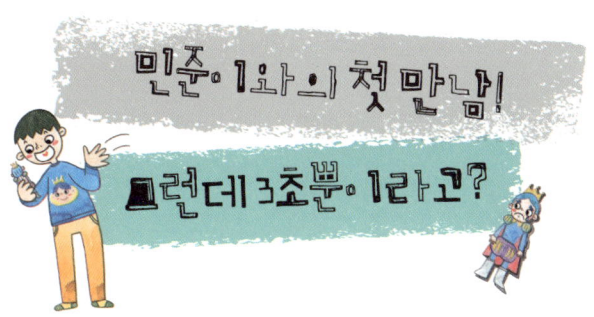

민준이와의 첫 만남! 그런데 3초뿐이라고?

　가게 안이 밝아지고 금세 시끌벅적해졌어요. 발랄한 음악 소리가 흐르며 환한 조명 아래 아이들과 부모님들의 웃음소리가 퍼져 나갔지요. 오늘은 어린이날이에요. 모든 장난감들이 손꼽아 기다린 날이지요. 자신을 선택해 줄 운명의 사람은 누구일까요?

　마린왕자는 가게 진열대 맨 앞에서 쇼윈도 너머를 바라보고 있었어요. 머릿속에는 어제 민준이의 목소리가 떠올랐지요.

　'민준이가 꼭 나를 데려갔으면 좋겠어.'

　"엄마. 나 이거! 이거!"

'이 목소리는!'

마린왕자는 단숨에 목소리의 주인공을 알아챌 수 있었어요. 당연하지요. 아침부터 내내 떠올린 목소리니까요.

"민준이다!"

"왕자님. 정말 그 친구가 왔나 봐요!"

물고기병사도 흥분에 차서 마린왕자를 올려다보았어요. 그 순간 마린왕자와 물고기병사가 든 장난감 상자가 허공에 붕 떠올랐지요. 곧이어 상자가 옆으로 누워지면서 가게의 눈부신 조명이 쏟아져 내렸어요.

"예쁘게 포장해 주세요."

민준 엄마의 목소리를 듣고 나서야 마린왕자는 자신들이 진열대를 벗어나 계산대에 올라와 있다는 것을 알 수 있었지요. 마린왕자는 흥분과 기쁨을 감추지 못했어요.

"왕자님. 우리를 드디어 데려가려나 봐요."

"이봐. 물고기병사. 그건 당연하잖아. 우리는 사랑받기 위해 태어난 장난감이니까."

의기양양하게 말했지만 마린왕자도 너무 좋아 어쩔 줄 몰랐지요. 게다가 민준이에게 간다니! 세상에 나온 보람을 벌써 맛본 것 같았어요.

장난감 상자에 예쁜 포장지를 씌우자 둘의 시야는 더욱 어두워졌어

요. 이윽고 상자가 흔들렸지요. 아마도 누군가의 품에 안겨 있는 게 분명해요.

"이제 집에 가려나 봐요!"

물고기병사가 기분 좋게 창을 쥔 지느러미를 파닥거렸어요. 상자 안은 어둠으로 가득했지만, 둘은 기대감으로 부풀어 올랐지요.

민준이는 어떤 아이일까? 얼마나 우리를 반겨 줄까? 앞으로 민준이랑 얼마나 재미있게 놀까? 즐거운 상상이 끝없이 뻗어 나갔답니다.

"엄마. 나. 선물부터."

"휴. 너 정말. 그래라. 그래."

마린왕자는 침을 꿀꺽 삼켰어요. 아까 전에 민준이 집에 도착했는지 바닥에 내려지는 느낌이 들더니 한동안 움직임이 없었지요. 그러더니 지금 장난감 상자가 다시 공중에 붕 뜨는 느낌이 들었어요. 물고기병사가 흥분을 감추지 못하고 외쳤어요.

"왕자님. 드디어 포장을 벗기려나 봐요!"

"그래. 지금인가 봐."

"민준이는 어떤 친구일까요?"

"분명히 멋진 아이일 거야. 그리고 나를 제일 먼저 안아 줄 거야!"

바스락거리는 소리와 함께 포장지 리본이 풀어지는 소리가 들렸어요. 마린왕자는 가장 예쁜 모습으로 민준이를 맞이하기 위해 자세를 가다듬었어요. 물고기병사도 들고 있던 창을 고쳐 쥐었지요. 포장지가 스르륵 벗겨졌는지 둘의 시야가 밝아졌어요.

'드디어 첫 만남이구나!'

마린왕자와 물고기병사는 기대에 찬 눈으로 밝아지는 앞을 쳐다보았어요. 천천히 상자가 열리고 한꺼번에 쏟아져 들어오는 빛에 잠시 아무것도 보이지 않았어요. 빛이 익숙해질 무렵 한 남자아이의 상기된 얼굴이 보였어요.

'네가 민준이구나!'

마린왕자는 기쁨을 참지 못하고 활짝 웃었어요. 자신의 운명적인 사람으로 민준이는 더없이 훌륭해 보였어요.

민준이도 마린왕자가 맘에 드는지 사랑스러운 눈길로 마린왕자를 쳐다보았지요. 물고기병사도 괜스레 코를 훌쩍였답니다. 너무 고대하던 순간이라 가슴이 벅차올랐기 때문이지요.

그 시간이 한도 끝도 없이 이어지기만을 바랐어요.

1초.

2초.

3초.

3초 정도의 시간이 흘렀을까요? 사랑스러운 눈길이 멎고 갑자기 민준이는 개구진 표정으로 입을 열었어요.

"포장이 또 있네?"

그 말에 마린왕자와 물고기병사는 의아한 얼굴이 되었어요. 분명히 포장지는 다 풀었고, 장난감 상자도 열어젖혔는데, 포장이 또 남아 있다니요?

바로 그 순간 민준이가 마린왕자를 향해 손을 뻗었어요.

"너무 똑같이 만들어서 인형인 줄 알았네."

민준이의 중얼거림을 듣고 불길한 기분이 든 마린왕자가 물고기병사를 쳐다보았어요. 물고기병사의 눈이 점점 커졌어요. 그도 그럴 것이 민준이가 마린왕자에게 손을 뻗는 모습이 좀 이상했거든요. 그것은 마치 무언가를 열려는 것 같았어요.

"이거 안에 들어 있나 보다."

"그게 무슨 소리야? 민준아?"

민준이의 말을 듣고 마린왕자가 다급한 목소리로 외쳤어요. 하지만 민준이는 듣지 못하는 것 같았지요. 마린왕자는 민준이가 자신의 옆에 달린 고리를 달각 하고 여는 것을 보았어요.

그 순간 마린왕자의 시야가 또다시 붕 떠서 옆으로 이동하는 것을 느꼈어요. 물고기병사는 너무 놀라 소리조차 내지 못했답니다. 그럴 수밖에요.

바로 마린왕자 안에 또 다른 마린왕자가 있었거든요!

"우아! 마린왕자 인형 진짜 최고다!"

민준이의 벅찬 목소리가 들렸어요. 하지만 마린왕자의 눈에는 혼란스러움이 가득 찼어요. 민준이의 사랑스러운 눈길은 이제 자신을 향하

지 않았거든요. 그 눈길은 이제 자신 안에 들어 있던 마린왕자 인형을 향해 있었지요.

민준이가 마린왕자 인형을 집어 든 순간, 인형을 감싸고 있던 마린왕자는 그대로 바닥으로 떨어졌어요.

"왕자님!!"

물고기병사의 다급한 외침이 들렸지만, 마린왕자가 바닥으로 떨어지는 것을 막을 수는 없었지요.

툭.

마린왕자는 방바닥에 부딪혔어요. 마린왕자는 가볍고 텅 빈 마찰음을 내는 자신의 몸뚱이에 할 말을 잃었답니다.

"말도 안 돼……."

하늘을 향해 올려다본 마린왕자의 시야에는 진짜 마린왕자 인형을 들고 활짝 웃고 있는 민준이의 모습이 들어왔어요. 꿈에 그리던 민준이를 직접 봤지만, 마린왕자는 기뻐할 수 없었답니다. 그리고 믿기지 않는 현실에 얼어붙듯이 그대로 누워 있었지요. 기쁨의 목소리도, 사랑의 눈길도 자신에게는 딱 3초만 머물러 있었지요.

맞아요. 마린왕자는 인형이 아니었어요. 마린왕자는 인형을 감싸고 있던 하나의 포장이었답니다.

우리는 이제 어디로 가게 되는 걸까?

"대체 왜 나를 버린 거야."

마린왕자의 물음에 물고기병사는 대답을 할 수 없었어요. 하지만 마린왕자도 물고기병사도 그 대답을 알고 있었지요. 그들은 인형이 아니라, 포장이었으니까요. 하지만 포장으로 태어나 민준이와 함께했던 시간은 너무도 짧았답니다. 그것은 시간이라고 말할 수도 없을 지경이었어요. 그것은 아주 짧은 순간이었어요.

"왕자님. 힘내세요."

"나는 뭐지? 이럴 거면 나를 왜 만든 거야."

물고기병사가 위로해 주어도 마린왕자 귀에 들어오지 않았어요. 마린왕자의 목소리에는 원망과 화가 묻어났어요. 누군가로부터 버려졌다는 충격은 마음에 굉장히 큰 상처를 남겼지요.

　물고기병사도 한숨을 폭 내쉬었지요. 섭섭하기는 자신도 마찬가지였거든요. 마린왕자 다음에 물고기병사도 그대로 옆구리가 열렸어요. 그 다음 진짜 물고기병사 인형을 꺼낸 민준이는 똑같이 물고기병사도 바닥에 버렸지요.

　얼마간 마린왕자와 물고기병사는 그렇게 민준이의 방바닥에 널브러져 있었어요. 그러다 민준이 엄마가 방 청소를 할 때 한꺼번에 비닐봉지에 담겼답니다. 그런 다음에는 베란다에 놓인 커다란 상자 속에 봉지째 담겨졌지요.

　지금 이곳은 온통 포장재 천지예요. 자신과 같은 플라스틱 포장도 많이 있었지만, 그 밖에도 비닐 포장, 스티로폼 포장 등 다양한 포장물품들이 많았어요.

　"야. 당연히 포장하려고 만들었지 왜 만들었겠어?"

　어디선가 들려오는 낯선 목소리에 마린왕자는 눈을 동그랗게 뜨고 그곳을 바라보았어요.

　"얘가 막 버려져서 아직 상황 파악이 안 되는구만. 우리는 어차피 이

렇게 될 운명이야. 이 수거함에 모인 애들이 다 같은 처지지."

목소리의 주인공은 구겨진 비닐 포장재 '뽁뽁이'었어요. 뽁뽁이의 말에 물고기병사는 수거함 안을 둘러보았어요. 투명한 플라스틱 팩에서부터 얇은 비닐, 페트병 등 모두 말끔한 모습이었지요. 너무 깨끗해서 버려질 운명이라는 것이 어울리지 않았어요. 게다가 이렇게나 많은 물품들이 다 버려지다니. 언뜻 보기에 민준이네는 딱 세 식구가 사는 것 같았어요. 그런데 베란다에 쌓인 포장물품들의 양은 정말이지 어마어마했어요.

마린왕자는 냉랭한 뽁뽁이의 목소리에 눈살을 찌푸렸지요.

"우리라니. 나는 너와 달라. 너는 원래 포장되려고 태어난 거잖아."

"흥. 그런 너는 뭐 달라? 모양이 인형처럼 예쁘고 그럴싸해도 결국 포장되고 버려지는 건 똑같지, 뭐."

"뭐야? 나는 너랑 달라! 나는!"

마린왕자는 다음 말을 이을 수가 없었어요. 뽁뽁이의 말이 하나도 틀린 게 없었거든요. 뽁뽁이는 코웃음을 쳤어요.

"나는 책을 포장해 온 뽁뽁이라 다시 포장재로 쓰일 가능성이라도 있지. 너랑 네 친구는 이제 틀렸어. 그런 모습으로 어떻게 재활용이 되겠어?"

'재활용?'

마린왕자는 혼란스러운 표정으로 뽁뽁이를 쳐다보았어요. 바로 그때였어요. 거실 쪽에서 민준이 엄마의 목소리가 들렸지요.

"오늘이 아파트 분리수거 날이니까. 베란다에 가 봐요."

그 목소리에 뽁뽁이는 펄쩍 뛰는 표정을 지었지요. 베란다 안 곳곳에서 탄식과 두서없는 목소리들이 들려왔어요. 마린왕자와 물고기병사는 어리둥절해졌지요.

"대체 왜 그래?"

"왜 그러냐니! 우리를 내보낸다고 하잖아."

뽁뽁이의 말에 마린왕자는 의아한 얼굴이 되었어요.

"내보내다니. 이미 여기에 버렸잖아."

"바보야. 여기는 그냥 한꺼번에 버리기 위해 머무는 곳일 뿐이야. 이제 이곳을 벗어나면 우리는 끝장이라고!"

뽁뽁이의 절박한 외침이 끝나자마자 베란다의 문이 드르륵 열렸어요. 그리고 민준이 아빠가 들어와 수거함을 감싼 비닐봉지를 들어냈지요. 비닐봉지 안에 있던 마린왕자와 물고기병사 그리고 많은 플라스틱 포장재들은 한꺼번에 공중에 붕 뜬 느낌을 받았답니다.

"안 돼! 우리를 버리지 말아요!!"

비닐봉지 안에서 절박한 외침들이 들려왔어요. 하지만 민준이 아빠는 그대로 들고 바깥으로 나갔어요.

밤이 찾아오자, 소란스럽던 쓰레기 분리수거장도 조용해졌어요. 마린왕자와 물고기병사는 손을 꼭 붙잡았어요.

낮에 이곳으로 오게 된 후부터 마린왕자와 물고기병사는 자신의 눈을 의심할 수밖에 없었어요. 민준이네만이 아니라, 집집마다 엄청난 비닐봉지와 종이 상자들을 들고 사람들이 이곳으로 모여들었답니다. 그리고 들고 온 분리수거 물품들을 일제히 던져 놓고 유유히 집으로 돌아갔지요.

분리수거 물품들은 대부분이 포장용 물품들이었어요. 택배 상자, 비닐 포대, 스티로폼 상자들, 테이크아웃 종이컵까지. 큰 포장용기 안에 작은 포장용기들이 옹기종기 모인 채로 버려지기도 했어요.

마린왕자와 물고기병사는 이렇게 많은 포장용품들은 처음 봤지요. 모두 두려움에 휩싸인 얼굴들이었어요.

마린왕자가 고개를 돌려 저쪽에 뽁뽁이가 오들오들 떨고 있는 것을 봤어요. 아마 낯선 곳인데다 밤이 되니 뽁뽁이가 매우 무서워하는 것 같았어요. 그 모습에 안쓰럽다는 생각이 들어 마린왕자가 뽁뽁이에게 손을 뻗었어요.

"야. 왜 그렇게 떨어. 아침이 곧 밝아 올 텐데 뭘 그래."

그러자 뽀뽀이는 고개를 흘끗 들고 말했어요.

"아침이 되면 더 무서워질 거야. 우리가 쓰레기 처리장으로 가게 될 테니까."

"뭐? 처리장?"

그 말에 마린왕자는 물론 물고기병사까지 두 눈을 크게 뜨고 뽀뽀이를 봤어요.

"하지만 너는 아까 재활용인가 뭔가가 된다고 했잖아."

마린왕자의 말에 이번에는 플라스틱 페트병이 말했어요.

"재활용은 뭐 아무나 되는 줄 아니? 분리수거를 해 가도 결국에는 우리 대부분이 버려진다고."

페트병의 말에 수거장에 모인 분리수거 물품들은 웅성거렸어요. 재활용을 마지막 희망처럼 여겼던 뽀뽀이는 이미 포기한 표정을 하고 있었지요.

마린왕자와 물고기병사는 이 모든 일들이 마치 꿈처럼 느껴질 뿐이었어요. 불과 어제까지만 해도 둘은 장난감 가게의 제일 앞 줄에 진열되어 있었는데 말이에요.

'왜 그렇게 쉽게 버리는 걸까?'

두려움 속에서도 마린왕자는 내내 물어보고 싶었어요. 왜 이 많은 물품들을 버리는 건지 말이에요. 그렇게 두려움과 불안으로 길었던 밤이 끝나고 아침이 밝아 왔어요.

뜬눈으로 지새운 마린왕자와 물고기병사는 수거장에 다가오는 발소리에 귀를 쫑긋 세웠어요.

"우아. 예쁘다."

마린왕자는 자신의 귀를 의심했어요. 어제까지만 해도 자신에게 하는 말이라 믿어 의심치 않았지만 이제는 달랐어요. 자신은 포장재니까요. 딱 3초만 예뻐하고 버릴 포장재니까요.

목소리의 주인공은 책가방을 멘 소녀였어요. 학교에 가는 길이었나 봐요.

"이렇게 예쁜데 그대로 버리기에는 아까워."

소녀는 손을 내밀었어요. 마린왕자는 눈을 크게 떴어요. 물고기병사도 당황한 표정을 지었지요. 소녀의 손이 물고기병사를 잡았거든요.

그대로 물고기병사가 공중으로 붕 떠올랐어요. 그 바람에 마린왕자와 물고기병사는 꼭 잡았던 손을 놓치고 말았지요.

"안 돼! 왕자님!!"

"물고기병사!!!"

물고기병사는 소녀의 웃옷 주머니에 담겼어요. 소녀는 물고기병사만 잡아서 주머니에 넣고는 그대로 돌아서 갔어요.

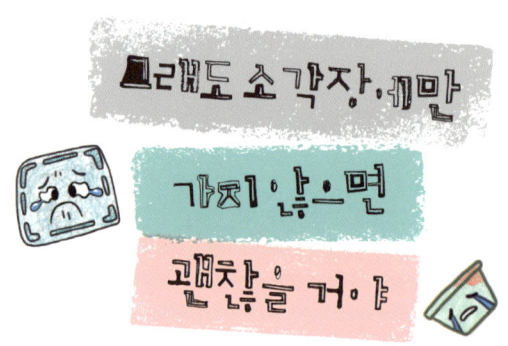

"왕자님! 꼭 다시 만날 거예요!! 그러니까 힘내야 돼요!!"

"물고기병사!!"

마린왕자는 다급하게 외치던 물고기병사의 마지막 말이 생각났어요. 그러자 다시금 마린왕자의 눈에는 눈물이 차올랐어요. 홀로 남겨진 마린왕자는 너무 슬퍼 울음을 그칠 수가 없었어요. 마린왕자와 물고기병사는 태어났을 때부터 한 번도 떨어진 적이 없었어요. 이렇게 갑자기 헤어지리라고는 생각지도 못했지요.

"야. 그만 울어. 눈이 부어서 아예 안 보이겠다."

"이런 일이 생길 줄은 몰랐어. 이렇게 버려지고, 또 물고기병사와 헤어지게 될 줄은. 차라리 장난감 가게에 그대로 있었다면 좋았을 텐데."

마린왕자가 울먹이며 말하자, 위로하던 뽁뽁이도 한숨을 폭 내쉬었어요. 그 생각은 뽁뽁이도 늘 했던 것이거든요. 뽁뽁이로 태어나 동료 뽁뽁이들과 함께였을 때 세상에 대한 호기심과 주인을 만날 기대감으로 언제나 두근거렸어요. 책을 감싸서 주인에게 다다르기 전까지 말이에요.

'이렇게 바로 버려지다니.'

더 슬픈 것은 주인은 뽁뽁이가 잠시나마 있었다는 것도, 그리고 이렇게 버려졌다는 것도 별로 실감하지 못한다는 것이에요. 주인의 손에 딱 2초 머무르고 버려진 뽁뽁이는 베란다 수거함에서 4일 동안 머물렀어요. 그 4일 동안 무수히 들어오는 포장재들을 보았어요. 그리고 자신과 같은 포장재들의 운명을 알아챌 수 있었어요.

"우리는 말이야. 태어나면서부터 버려질 운명이거든."

그 말에 마린왕자가 고개를 번쩍 들어 뽁뽁이를 보았어요. 마린왕자는 어쩐지 화가 나 보였어요.

"이렇게 버려질 운명이 많다는 게 말이 돼?"

"그야 인간들이 사용하기에 편하니까."

"편하다고 막 버려도 되는 거냐고! 이제 우리는 어떻게 되는 거지? 이럴 거면 안 태어나는 게 나았어!"

마린왕자는 울며 외쳤어요. 마린왕자는 자신의 처지가 속상해 어쩔 줄 몰랐어요. 잠자코 둘의 대화를 듣고 있던 스티로폼 포장재가 침통한 목소리로 말했다.

"그만 울어. 그래도 물고기병사는 좋은 데로 갔을 거야."

"뭐라고?"

물고기병사에 대한 이야기에 마린왕자는 눈물을 그치고 물었어요.

"아마도 그 소녀는 재활용을 하기 위해서 물고기병사를 데려간 것 같거든."

"재활용이라고?"

그러고 보니 아까 뽁뽁이도 재활용이라는 말을 했지요. 스티로폼 포장재가 미소를 띠며 이야기했어요.

"나도 운 좋게 좋은 주인을 만나 재활용이 되었지. 주인이 내게 화초를 심어 주었거든. 지금 이렇게 버려지긴 해도, 주인과 함께 사계절을 보낼 수 있었어."

"우아. 나는 고작 2초만 함께했는데."

뽁뽁이가 부러운 눈빛으로 스티로폼 상자에게 말했어요. 바로 그때

커다란 차가 다가오는 소리가 들렸어요. 수거장에 모인 분리수거 물품들이 매우 소란스러워졌지요.

"왔다……."

침울한 목소리에 마린왕자가 뽁뽁이를 보니 뽁뽁이가 두려움에 찬 얼굴로 말했어요.

"쓰레기 수거차가 왔어."

덜커덩.

흔들리는 차 안은 너무도 어두컴컴했어요. 밤이 찾아온 수거장보다 훨씬 암흑이었지요. 두려움에 찬 눈으로 주위를 살피던 마린왕자는 뽁뽁이에게 조심스럽게 물어보았어요.

"우리는 이제 어디로 가는 거야?"

뽁뽁이는 마린왕자를 흘낏 보더니 대답해 주었어요.

"어쨌든 소각장은 아니야."

"스티로폼 아저씨는?"

"……."

"아저씨는 우리랑 다른 차를 탔잖아."

"…아저씨는 이물질이 잔뜩 묻은데다 코팅까지 되어 있대. 그래서……."

뽁뽁이는 차마 다음 말을 잇지 못했어요. 그러자 어디선가 명쾌한 목소리가 들려왔어요.

"땡. 그럼 이 차에 타지 못하지. 소각장이나 매립지로 갔겠구만."

마린왕자는 목소리가 들려오는 쪽을 찾기 위해 두리번거렸어요.

"나 찾는 거냐. 꼬맹아?"

목소리의 주인공은 벽에 붙은 종이 쓰레기였어요. 접착제가 묻어 있어 차벽에 붙어 있었지요. 그렇게 붙어 있은 지 꽤 오래되었는지 종이 쓰레기는 원래 모습을 잃어버리고 매우 낡은 상태였어요. 그 상태로 얼마나 많은 쓰레기들이 차에 타고 내리는 것을 본 것일까요?

"소각장이라뇨?"

"꼬맹아. 소각장도 모르냐? 쓰레기를 태워서 없애는 곳이지. 너네 이 차를 탄 걸 매우 다행으로 알아야 해."

종이 쓰레기의 말에 마린왕자는 얼어붙었어요. 뽁뽁이가 종이 쓰레기를 노려보았어요. 종이 쓰레기의 심드렁한 태도가 무척이나 마음에 들지 않았거든요. 그런 뽁뽁이의 마음도 모르고 종이 쓰레기는 나불나불 잘도 말을 이어갔지요.

"하긴 재활용 수거장으로 가더라도, 너희가 다시 쓰일지는 모르는

일이야. 요새는 비용이 많이 든다며 다시 버리기 일쑤니."

"너 뭐야. 거기 붙어서 교묘하게 살아남은 주제에. 우리 처지에 대해 이러쿵저러쿵 말하다니!"

뽁뽁이의 말에 종이 쓰레기는 코웃음을 쳤어요.

"그게 뭐가 어때서? 그거 알아? 이 차는 원래 소각장행 차였어. 거기서 난 이렇게라도 살아남았다고. 하지만 소각장으로 간 녀석들은 어떻게 되지? 너네도 재활용되지 않으면 마찬가지 운명이야. 그러니 안 쓰이더라도 살아남는 게 더 중요하다고!"

종이 쓰레기는 냉정하게 말했어요. 몸에 붙은 접착제로 안간힘을 써서 살아남았던 지난 시간들이 떠오르는지 눈을 질끈 감았지요. 마린왕자는 조심스럽게 다시 물었어요.

"아저씨. 소각장에 가 본 적이 있어요?"

종이 쓰레기는 천천히 눈을 떴어요. 다시 그날의 광경이 펼쳐진 듯 선명하게 떠올랐지요.

"거기는 지옥이야. 온갖 쓰레기들의 아우성이 들려오지. 검은 연기와 매캐한 가스에 숨도 못 쉴 지경이야. 커다란 소각로에는 시뻘건 화염이 가득했지. 그리고 그 속으로 쓰레기 친구들이 빨려 들어갔어."

종이 쓰레기의 말에 차 안에 실린 재활용 물품들은 불안에 떨었어요.

"한 친구는 작은 옷으로 태어나 잠시나마 아기와 함께였대. 내가 보기에도 그 친구는 쓰레기로 보이지 않았지. 그 친구와 나는 같은 쓰레기장에 있었는데, 맞은편에 헌옷 수거함이 있었어. 그 친구는 하염없이 그 헌옷 수거함을 바라보다 차에 실렸지."

종이 쓰레기는 울컥했는지 말을 그쳤어요. 마린왕자는 그 모습에 차마 그 친구가 어떻게 되었는지를 물어보지 못했어요.

"비록 포장용기로 태어났지만 나는 충분히 더 쓰일 수 있었어."

누구의 말인지 모를 중얼거림이 차 안에 흘러나왔지요. 흔들리는 차 안에서 모두 같은 생각을 했어요.

왜 우리를 더 쓰려고 하지 않았을까요? 왜 우리를 이렇게 쉽게 버렸을까요?

거대한 쓰레기통, 매립지에 가게 되다

"부디 재활용되기를 바란다! 꼬맹이들!"

차벽에 붙은 종이 쓰레기는 마린왕자와 뽁뽁이, 그리고 분리수거 물품들에게 건투를 빌어 주었어요. 차의 문이 열리고 빛이 쏟아졌어요. 빛으로 장악당한 시야는 앞을 보여 주지 않았어요. 그러다 마린왕자는 다시금 몸이 들리는 것을 느꼈지요.

"여기는……."

"수거장이야. 우리가 재활용품 수거장에 도착했나 봐."

마린왕자는 재활용이라는 말에 조금은 안심이 되었어요.

'그래도 이대로 사라지지는 않는구나. 나도 다시 사랑받을 날이 올 수도 있겠지?'

마린왕자는 잠시 물고기병사를 떠올렸어요. 그리고 마음을 다잡았지요.

'꼭 다시 만나자고 했으니까. 힘을 내야지.'

낡은 수거장에서 보내는 나날은 매우 천천히 흘러갔어요. 사람들도 잘 보이지 않았지요. 마린왕자와 수거물품들은 희망을 품은 채 재활용될 날을 기다렸어요.

그래도 재활용된다는 것은, 모습이 바뀌어도 다시 주인을 만나 오래 쓰일 수 있는 여지가 있는 거니까요. 마린왕자는 물고기병사와 다시 만날 날을 기약하며 애써 긍정적인 마음을 먹으려고 했답니다.

그런데 그곳에 매일 쌓이는 수거 물품들은 엄청났지요. 하루하루 차곡차곡 쌓이는 물품들을 바라보며 마린왕자와 뽁뽁이는 조금씩 불안해졌어요.

"왜 들어오는 물품만 있고, 나가는 물품은 없지?"

뽁뽁이의 말에 마린왕자도 침을 꿀떡 삼켰어요. 그리고 종이 쓰레기의 말이 떠올랐어요.

'하긴 재활용 수거장으로 가더라도, 너희가 다시 쓰일지는 모르는 일이야.'

삽시간에 불길한 마음이 번져 가는 것 같았어요. 그때 몇몇 사람들이 창고 안으로 들어왔어요. 그 사람들은 물품 포대를 하나씩 트럭으로 옮겼지요.

"드디어 우리를 재활용 업체로 데려가려나 봐!"

마린왕자가 기대에 찬 목소리로 외쳤어요. 며칠간 수거장의 먼지가 묻어 꼬질꼬질해진 얼굴에도 웃음이 가득 번졌지요.

사람들은 포대를 트럭에 실으며 불만스럽게 중얼거렸어요.

"아유. 무거워. 돈도 안 되는 게 무지하게 무겁네."

"어쩌겠어. 이제 중국에서도 재활용 수거품을 안 사 간다고 하니. 수출 길도 다 막혔다고 하잖아. 이곳도 조만간 폐쇄된다더군."

그러면서 마지막으로 마린왕자와 뽁뽁이가 실린 포대를 날랐지요.

"그럼 이 수거물품들을 이제 다 어쩐대요?"

마린왕자의 포대를 트럭에 실은 사람이 트럭 문을 닫으며 아무렇지 않게 대꾸했어요.

"어쩌긴 다시 버려야지."

충격적인 진실을 들은 마린왕자는 그대로 굳어 버렸어요. 뽁뽁이도 아무 말도 하지 않았어요. 사람의 말을 들으면서 마린왕자는 혼란에 빠졌어요.

돈이 무엇인데, 돈이 되지 않으면 버리는 것이 당연한 걸까요? 이 많은 포장제품들은 제품 그 자체로는 쓰일 가치가 없는 것일까요? 정말 우리는 딱 3초를 위해서 태어난 것일까요?

깜깜한 어둠 속에서 트럭은 흔들리며 어딘가로 달려갔지요.

그렇게 다다른 곳은 매립지였지요. 트럭의 문이 열리자 매립지의 풍경이 펼쳐졌어요. 매우 살벌한 풍경이었지요.

거대한 땅은 온통 쓰레기로 가득했어요. 얼마나 깊게 팠는지 모를 땅에는 푸른색 덮개가 깔려 있었어요. 마치 거대한 푸른색 쓰레기통처럼 보이는 모습이었지요. 그곳으로 쓰레기차들이 여러 대 들어오고 있었어요. 땅은 이미 쓰레기로 가득 채워져 있었지요.

온갖 악취와 검은색 물들이 줄줄 흘러나오고 있었어요. 아래 깔린 쓰레기들은 그 위에 덮인 쓰레기들로 순식간에 종적을 감추었어요.

마린왕자는 굳어 버린 채 그 광경을 지켜봤어요. 마치 쓰레기 행성에 도착한 기분이었지요. 끝도 없이 넓은 땅과 그곳을 가득 메운 쓰레기들. 아마도 마린왕자가 탄 분리수거 물품들도 저 쓰레기 더미에 버려지게 되겠지요?

뽁뽁이가 바들바들 떨면서 말했어요.

"2초 만에 쓰레기가 되어 버렸어도 진짜 이곳에 올 거라고는 생각하지 못했어."

"저기 버려지면 얼마나 있게 되는 거야?"

마린왕자가 멍한 얼굴로 묻자 뽁뽁이가 답답하다는 듯이 말했어요.

"바보야. 이제 저기에 버려지면 우리가 썩어 없어질 때까지 묻히는 거야."

"우리가 썩어 없어질 때까지?"

그러자 뒤쪽에 있던 페트병 아주머니가 한숨을 쉬며 달래듯이 이야기했지요.

"애들아. 우리 포장재들은 대부분 플라스틱으로 만들기 때문에 썩기가 쉽지 않아. 아마 저기 묻힌 채 100년을 넘게 보내야 할 거야."

"…100년이라고요?"

세상에 나와 사랑받은 시간은 단 3초였는데, 쓰레기로 묻힌 채 보내는 시간은 100년이 넘는다니. 마린왕자는 끔찍한 현실에 고개를 도리도리 저었어요.

"싫어요! 내가 왜 저곳에 묻혀야 하죠?"

"맞아요. 저긴 쓰레기들의 무덤이나 마찬가지예요!!"

마린왕자와 뽁뽁이의 목소리에는 강한 분노가 서려 있었어요. 마린왕자의 눈에는 뜨거운 눈물이 흘렀지요. 사람들은 알기나 할까요? 우리가 어디로 가게 되는지. 이렇게 무시무시한 곳에 묻히게 되는지.

바로 그때 마린왕자가 탄 차로 다가온 사람들이 포대를 옮기기 시작했어요.

마린왕자와 뽁뽁이는 바들바들 떨며 서로의 손을 꼭 쥐었지요.

"앗!!"

"뽁뽁아!!"

마린왕자가 담긴 포대의 앞에 있던 포대를 들기 위해 아저씨가 팔을 크게 둘러 감쌌어요. 그러다가 살짝 삐져나와 있던 뽁뽁이도 함께 들었어요. 그 바람에 뽁뽁이도 포대에 함께 딸려서 운반되고 말았답니다.

"안 돼! 뽁뽁아. 가지 마. 나 무서워. 함께 있어야지!"

마린왕자는 엉엉 울며 뽁뽁이에게 손을 내밀었어요. 하지만 이미 뽁뽁이는 바깥으로 실리고 있었답니다.

"마린왕자야! 너는 꼭 여기를 나가서, 물고기병사를 만나!"

뽁뽁이의 목소리가 멀리서 들려올 뿐이었답니다.

이윽고 한 사람이 마린왕자의 포대를 들러 왔을 때였어요.

"여~. 그만. 여기 매립지는 최대치를 수용했대."

"뭐? 그럼 이 포대들은?"

"다른 데 버려야지."

마린왕자는 사람들의 말에 울음을 애써 멎으려 노력했어요. 다른 데는 어디를 말하는 걸까요? 이제 매립지가 아니면, 어디로 가게 되는 걸까요?

찰랑찰랑.

차가운 물소리가 잠들어 있던 마린왕자를 깨웠어요. 내리쬐는 햇볕이 제일 먼저 마린왕자의 눈에 들어왔지요. 며칠째 햇볕에 노출되었던 터라 마린왕자의 예쁜 색깔들은 바래져 있었어요. 하늘의 해를 가리는 것이라고는 갈매기의 그림자 혹은 밤이 되면 찾아오는 어둠뿐이었지요.

마린왕자는 주변을 둘러보았어요. 이곳은 바다예요. '바다 왕국의 왕자'인데도 마린왕자는 이 바다가 낯설게만 느껴졌어요. 그도 그럴

만하지요.

마린왕자의 주변에는 무수한 스티로폼 상자, 운동화, 플라스틱 포장 용기들이 파도에 따라 넘실거렸어요. 원래 바다에서는 볼 수 없는 것들이에요. 이것들은 언제부터 이 바다에 떠 있었던 것일까요?

"물고기병사. 우리는 아무래도 만나기 힘들 것 같아."

마린왕자는 힘없이 중얼거렸어요.

일주일 전 마린왕자가 실린 포대는 커다란 배에 실려 있었어요. 너무도 커서 배인지도 모를 정도로 커다란 배였어요. 배는 어둠 속에서 바다를 천천히 항해하고 있었답니다.

"물고기병사. 흑. 뽀뽀아. 흑."

친구를 잃은 마린왕자는 눈물을 흘리느라 그 배가 어디를 향하는지 관심도 없었어요. 그러다 갑자기 공중에 붕 뜨는 기분이 들어 소스라치게 놀랐지요.

"뭐야! 어디로 옮겨지는 거지?"

마린왕자가 겁에 질려 외쳤지만 누구 하나 대꾸해 주지 않았어요. 곧이어 닿는 차가운 물에 마린왕자는 깜짝 놀랐답니다.

"앗, 차가워!!"

깜깜한 어둠 속에서 바닷물에 떨어진 마린왕자는 어안이 벙벙해졌어요. 이제 곧 다른 매립지로 갈 거라 생각했는데 물이라니요? 마린왕자의 시야에는 저쪽으로 멀어지는 배가 보였어요.

"설마 나 저기서 떨어진 거야? 내가 저 배를 타고 왔다고?"

고요한 바다는 마린왕자의 혼란스러운 질문에 아무 답을 해 주지 않았지요. 하늘에 휘영청 떠 있는 달님만이 이 모든 광경을 지켜보고 있었어요. 배가 멀어지자 바다는 더욱 조용해졌어요. 그런데 물이 어쩐지 끈적거렸지요. 퀴퀴한 냄새가 물에서 올라왔어요.

마린왕자는 바다의 검은 색깔이 어두운 밤 때문만이 아니라는 것을 알았어요. 바닷물은 매우 오염되어 있었어요. 검게 물든 바닷물에 젖은 쓰레기들도 온통 검은색이었거든요.

자신만이 아니라, 이미 많은 플라스틱 용기들이 파도 위에 떠 있었지요. 그물에 엉켜 커다란 덩어리가 된 채 바다 위에 떠 있었어요. 마치 플라스틱 용기로 된 섬 같았지요.

"…여기는 또 다른 매립지인가 봐."

파도를 따라 흔들린 채 마린왕자는 멍하니 중얼거렸어요. 마린왕자의 얼굴은 젖어 있었어요. 하지만 눈물인지 바닷물인지 알 수 없었어요. 마린왕자는 무척이나 지쳤답니다.

"이제 쉬고 싶어."

마린왕자는 어디로 흘러가는지 모를 바다 위를 둥둥 떠다니고 있었어요. 지친 마린왕자는 그대로 눈을 감았어요. 그때 하늘에서 큰 비가 쏟아졌어요.

폭풍우가 몰아쳤어요. 바다의 표면에는 마린왕자와 같은 플라스틱 용기들이 요란스럽게 파도에 휩쓸리고 있었어요. 파도가 하도 거세게 일은 바람에 바다 깊숙한 곳으로 빨려 들어간 친구들도 많았지요. 마린왕자도 연거푸 깊은 물속에 들어갔다가 다시 바다 표면으로 올라왔어요.

바다 깊숙한 곳에 들어갔을 때 커다란 물고기들이 포장용기 조각들을 삼키는 모습도 보았지요.

'우리는 먹이가 아니야!!! 너희도 그걸 먹으면 큰일 나!!'

마린왕자는 물고기를 피해 발버둥을 쳤지요. 명색이 바다를 지배하는 마린왕자인데, 체면이 말이 아니었어요. 하지만 물고기가 포장용기를 삼킬 때마다 마린왕자는 두려움에 떨었어요. 자신도 물고기에게 삼켜지는 것은 아닐까 싶었거든요.

비바람이 그치고 바다에 다시 평온이 찾아왔어요. 그 후로도 시간이 얼마나 지났는지 모른답니다. 뜨거운 햇볕 아래 마린왕자의 예쁜 색깔도 점점 옅어졌어요. 지친 마린왕자가 가까스로 고개를 돌리니 바다

위에 둥둥 떠 있는 포장 물품들 사이로 물고기들이 보였어요. 며칠 전 바다 속에서 포장재들을 삼킨 물고기들이었지요. 배를 훤히 내보인 채 바다 위에 떠 있는 모습에 마린왕자는 가슴이 먹먹해졌어요.

 한 번 쓰이고 버려진 자신도, 끈적끈적해진 바닷물에서 살며 포장 조각을 먹는 물고기들도 가엾기는 마찬가지였거든요.

 '눈에 보이지 않는다고 없어지는 게 아니야. 다 이렇게 존재하고 있었다구.'

 드넓은 바다에, 끝없이 펼쳐진 대지에 포장 제품들은 이렇게 오래도록 남아 있었어요. 그 사실을 인간들만 모르고 있는 것 같았지요.

 마린왕자는 너무도 힘들어 그만 그대로 잠이 들고 말았답니다. 그때 하늘을 가르던 갈매기가 마린왕자 옆에 떠 있는 물고기를 향해 내려앉았어요. 그리고 얼마 있다 다시 하늘로 날아올랐지요.

 툭.

 마린왕자는 모래사장에 떨어졌어요. 죽은 물고기를 삼킨 갈매기의 몸에 마린왕자가 붙은 지 몇 시간이 지났을 때지요. 갈매기의 몸은 검은 바닷물에 젖어 무척이나 끈적거렸거든요. 그렇게 갈매기의 몸에 붙은 마린왕자는 다시 육지로 돌아왔어요.

한참 동안 해변에 깔린 모래에 누워 있는 마린왕자에게 한 아이가 다가왔어요.

"우와. 마린왕자잖아?"

"레니. 그거 쓰레기야. 얼른 내려놓으렴."

엄마가 말리자 레니라는 아이는 주춤대며 딴청을 피웠어요. 그러다가 엄마의 눈치를 살피며 몰래 주머니에 마린왕자를 집어넣었답니다. 그런 다음 다시 엄마에게 쪼르르 달려갔어요.

그렇게 마린왕자는 모래사장에서 벗어나게 되었답니다.

하늘을 나는 갈매기만이 이제 마린왕자가 어디로 가는지 궁금해 할 뿐이었지요.

물고기병사, 새로운 삶을 시작하다

　마린왕자와 헤어진 물고기병사는 소녀의 주머니 속에서 두려움에 벌벌 떨었어요. 자신에게 어떤 일이 닥쳐올지 몰랐으니까요. 소녀도 인간이니 아마 자신을 금세 버리지 않을까요?

　"엄마, 다녀왔어요!"

　소녀의 발랄한 목소리를 듣고, 물고기병사는 자신이 소녀의 집에 왔다는 것을 알게 되었어요. 곧이어 물고기병사는 소녀의 주머니에서 꺼내졌어요.

　"으악!"

물고기병사는 깜짝 놀랐어요. 차가운 물줄기가 몸에 닿았거든요. 소녀는 세면대에서 물고기병사를 꺼내어 정성스레 씻고 있었어요. 명색이 물고기병사이지만 물에 닿아 본 경험은 한 번도 없어서 물고기병사는 무척 당황했답니다. 깨끗한 물의 감촉은 생각보다 아주 상쾌하고 기분이 좋았어요.

소녀는 포근한 수건으로 물고기병사를 닦았어요.

"왜 나를 닦는 거지?"

물고기병사는 의아한 마음이 들었어요. 물로 씻기고 수건으로 닦는 소녀의 손길은 무척이나 조심스러웠어요. 마치 소중한 것을 대하는 것처럼 말이지요. 물고기병사는 자연스레 미소가 피어났어요. 자신을 소중한 존재로 대해 준다는 것은 언제나 기분 좋은 경험이니까요.

"나… 태어나서 이런 경험은 처음인 거 같아."

물고기병사는 소녀에게 고마운 마음이 들었답니다. 소녀는 물고기병사를 들고 자신의 방으로 들어갔어요. 책상 위에 물고기병사를 올려놓고는 다시 방을 나갔지요.

그제야 물고기병사는 자신의 주위를 제대로 살펴볼 수 있었어요. 간소하면서도 꼭 필요한 물건만 있는 방이었어요. 아주 잠깐만 보았던 민준이의 방과는 사뭇 다른 분위기였어요.

책상 위에는 플라스틱 페트병으로 만든 연필꽂이와 깍지를 낀 연필들이 있었어요. 화분들 역시 포장재들로 만들어졌지요. 모두 분리수거장에서 만난 친구들이었어요. 그런데 이곳에서는 자신만의 역할을 하며 쓰이고 있었어요. 포장재들의 얼굴이 무척 행복해 보였어요.

두근두근.

물고기병사는 조금씩 가슴이 두근거리기 시작했어요. 뭔지 모를 떨림이 아까부터 느껴졌지요. 물고기병사는 마음속에서 피어나는 기대감을 억누를 수 없었어요.

소녀는 어쩌면 자신을 이 친구들처럼 다시 쓰려고 데려온 것이 아닐까요? 딱 3초만 예뻐하고 버리는 것이 아니라, 두고두고 사랑을 주며 써 주는 것이 아닐까요?

도리도리.

물고기병사는 얼른 머리를 세차게 내저었어요. 사람들이 그럴 리가 없으니까요.

아직도 눈앞에는 분리수거장에서 만난 엄청난 포장용기들의 모습이 생생했어요. 그 모습을 떠올리자 물고기병사의 표정은 금세 굳어졌어요.

두려운 마음이 차올랐거든요. 또다시 버려지는 것은 아닐까 하는 두

려움이지요.

다음 날, 소녀는 물고기병사를 들고 미술 교실에 갔어요. 미술 교실 문 옆에는 "업사이클링 미술 놀이"라고 적혀 있었지요.

"선생님. 예쁘죠?"

"그렇네. 이렇게 예쁜 아이를 어디서 구했을까?"

'예쁜 아이? 나를 보고 하는 말인가? 나는 그냥 포장재인데…….'

그런 생각을 하면서도 물고기병사는 얼굴이 발그레해졌어요. 자신을 보고 좋아해 주는 사람이 있다는 것은 정말이지 기분 좋은 일이거든요.

선생님의 말을 듣고 소녀는 냉큼 대답했어요.

"제 단골 장소 있잖아요."

"분리수거장?"

까르르 웃는 소녀를 보고 선생님도 물고기병사도 기분이 좋아졌어요. 소녀의 웃음에는 가슴을 따뜻하게 만드는 힘이 있는 것 같았어요.

선생님과 소녀가 다른 재료를 고르는 사이, 물고기병사는 미술 교실 안을 살펴보았어요. 미술 교실 안은 정말이지 별천지 같았어요. 다양한 소품들로 가득 꾸며져 있었지요. 페트병으로 만든 화분이 구석구석

에 놓여 있었어요. 뽁뽁이로 만든 예쁜 가방도 있었지요.

모두 분리수거장에서 만났던 포장재들이었어요. 그 친구들이 모두 새로운 물건이 되어 있었어요. 물고기병사는 뭉클해졌어요.

벽면에는 업사이클링에 대한 안내 말도 적혀 있었어요. 물고기병사

는 자기도 모르게 그 안내 말을 따라 읽었어요.

"버려지는 물건에 새 가치를 불어넣어, 더 멋진 물건으로 만들어 내다!"

물고기병사는 가슴이 뜨거워지는 것을 느꼈어요. 소녀는 정말 자신을 버리지 않고 다시 쓸 생각이었던 거예요. 그것도 더 멋진 물건으로 말이지요.

바로 그때 소녀가 다가왔어요. 물고기병사 몸길이에 맞는 나무 머리핀을 대어 보더니 선생님을 보았지요.

"선생님. 색을 다시 칠하지 않아도 될 것 같아요. 이대로도 예뻐서요."

"응. 플라스틱이라 열에만 조심하면 될 것 같아. 변형되거나 녹슬지도 않으니까. 예쁜 머리핀으로 만들어 보렴."

소녀는 고개를 끄덕였어요. 바로 그 성질 때문에 플라스틱은 바다에서도 땅에서도 썩지 않아 골칫덩이라고 했지요. 그런데 이렇게 재사용할 때는 장점이 된다는 게 신기했어요.

소녀는 집중하는 얼굴로 점토를 주물럭거렸어요. 그런 다음에 물고기병사의 텅 빈 몸에 점토를 채워 넣었지요. 점토 뒷면을 평평하게 만든 후 나무 머리핀을 붙였어요.

"이대로 잘 말리면 되겠구나."

물고기병사는 그늘진 선반 위에 놓였어요. 그곳에서 얼른 시간이 지나가기를 바랐어요. 자신이 어떤 모습으로 변신할지 벌써부터 기대가 되었기 때문이지요. 선선한 바람이 불어오자 물고기병사는 잠이 스르륵 들고 말았답니다.

"와. 정말 맘에 들어요!"
"정말 예쁘네. 아주 잘 어울리는구나."

물고기병사가 잠에서 깨어나 본 것은 거울에 비친 자신의 모습이었어요. 아니, 정확하게 말하면 거울 속 소녀의 머리 위에 있는 자신의 모습이었지요.

물고기병사는 벅차오르는 기분에 하염없이 거울 속 자신을 들여다 보았어요. 이제 자신은 3초만 쓰이고 버려지는 것이 아니라, 계속해서 쓰일 수 있을지 몰라요. 물건으로서 새로운 삶을 시작할 수 있을지 몰라요!

왜 소녀를 '쓰레기 공주'라고 부르는 걸까?

물고기병사는 그날부터 언제나 소녀의 머리 위에 꽂혀 이곳저곳 구경을 다녔어요. 사람들은 물고기병사를 볼 때마다 소녀를 칭찬했지요.

"이걸 네가 만들었다고? 대단하구나. 정말 솜씨가 좋은걸!"

때로는 부러워하는 친구도 있었어요.

"물고기병사 머리핀은 아무 데도 안 팔던데. 나도 하나 갖고 싶다."

그때마다 소녀는 배시시 웃었답니다. 물고기병사는 어느새 소녀의 자랑거리가 되었어요. 포장 쓰레기로 버려졌던 자신이 누군가의 사랑을 받는다는 건 정말이지 말로 표현할 수 없는 기쁨이었어요. 하지만 언제나 기쁜 일만 있었던 것은 아니랍니다.

그날도 소녀는 분리수거장을 기웃거리며 쓸 만한 재료를 찾고 있었어요. 소녀의 눈에 연노란색 포장용 리본들이 눈에 띄었어요. 아마도 케이크 상자를 감고서 버려진 듯했지요.

"와, 정말 색깔 예쁘다."

소녀는 리본을 손으로 칭칭 감아올렸어요. 바로 그때였어요.

"야, 이민주. 너 또 쓰레기 찾냐?"

"아, 가까이 오지 마. 너한테서 쓰레기 냄새나!"

물고기병사가 깜짝 놀라 고개를 돌려 보니 소녀와 같은 반 아이들 서너 명이 서 있었어요. 평소 짓궂다고 생각한 친구들이었는데, 아니나 다를까 소녀를 향해 야유를 보내고 있었어요.

"이거 깨끗한 거야."

소녀가 말했지만, 아이들은 리본을 제대로 보지도 않고 손가락질을 했지요. 그래 봤자 '쓰레기'라고 말이에요. 소녀는 아이들의 말에 대꾸하려다 말았어요. 물고기병사는 화가 나 아이들을 향해 소리쳤어요.

"아니야! 쓰레기가 아니고, 포장재들이라고! 다 쓸 수 있어!"

하지만 물고기병사의 말은 아이들의 귀에 들어가지 않았어요. 아이들 가운데 한 여자아이가 친구들의 팔을 잡아당기며 말했어요.

"그만해. 가자."

"야, 유난 좀 떨지 마. 그렇게 쓰레기 작품을 자랑하고 싶냐?"

"너 머리 위에 그거도 쓰레기지? 어유, 냄새. 머리에서 냄새나."

"그만하고 가자니까!"

아이들이 그렇게 웃으며 아파트 단지를 유유히 빠져나갔어요. 소녀는 리본을 든 채 우뚝 서서 말이 없었지요. 물고기병사는 무척이나 속상했어요. 자신은 깨끗하게 씻었고, 아무 냄새도 나지 않아요. 소녀는 버려지는 친구들을 되살려 새로운 물건으로 만들어 냈을 뿐이고요. 근데 왜 그게 놀림받는 일인지 알 수 없었지요.

소녀는 리본 끈을 마저 감고는 그대로 집으로 향했어요. 소녀의 발걸음은 어쩐지 힘이 없었답니다.

다음 날, 교실에서 소녀의 자리로 한 친구가 다가왔어요. 물고기병사는 그 친구가 누구인지 단박에 알 수 있었지요. 어제 소녀를 놀리던 아이들 중 한 명이었어요. 더 정확하게는 그 아이들을 말리던 친구였지요.

그 친구는 소녀의 가방에 담긴 연노란 리본 끈을 흘낏 보고는 어물쩍댔어요. 물고기병사는 그 친구를 힘껏 노려보았지만 소녀는 덤덤한

표정이었어요. 이윽고 친구가 말했어요.

"저기, 어제 일은 미안."

'응?'

친구가 갑자기 사과를 하자 물고기병사는 도리어 당황했어요. 소녀의 표정도 한결 부드러워졌지요. 말하지 않아도 소녀의 마음이 풀렸다는 것을 물고기병사는 느낄 수 있었어요.

"괜찮아."

소녀는 친구의 사과를 순순히 받았어요. 사실 소녀를 놀리는 아이들이 그전에도 없었던 것은 아니었거든요. 소녀 뒤에서 '쓰레기 공주, 거지 공주'라고 부르는 것을 물고기병사도 몇 번 들었어요.

마침 수업이 끝나 가방을 들고 소녀가 일어났어요. 친구가 주춤대며 물었지요.

"이따가 뭐해?"

"나? 오늘은 미술 교실에 가. 만들 게 있거든."

"아. 거기."

친구는 소녀의 미술 교실을 이미 아는 듯했어요. 잠시 쭈뼛대더니 친구는 용기를 내어 말했어요.

"너 그 머리핀 직접 만든 거야?"

"아, 이거. 응. 이것도 그 미술 교실에서 만든 거야."

소녀가 웃으며 대답하자 친구의 얼굴에서 슬쩍 미소가 배였어요.

"정말 예쁘다. 실은… 나도 그런 거 만들어 보고 싶어."

"어?"

"나는 좋다고 생각하거든. 물건을 그렇게 멋지게 만들어 내는 거. 근데 분리수거장에서 그런 걸 찾는 게 좀 부끄러워서."

친구의 말에 소녀는 물론 물고기병사도 반가운 마음에 함박웃음을 지었어요. 물고기병사는 알 수 있었어요. 물건을 소중히 여기고 다시 가치 있게 쓰려는 소녀의 따뜻한 마음이 전해졌다는 것을요. 소녀는 말없이 친구의 손을 잡았답니다.

딸랑.

업사이클링 미술 교실 문에 걸린 페트병 종이 청량한 소리를 내며 울렸어요. 문이 열리면서 소녀와 친구가 들어오자 선생님은 무척이나 반갑게 맞이했답니다. 친구는 두리번거리며 미술 교실 곳곳을 살펴보았어요. 마치 물고기병사가 처음에 했던 것처럼 말이에요.

"물건에도 삶이 있다고요?"

벽에 걸린 글을 읽던 친구가 선생님에게 묻자 선생님은 고개를 끄덕

였어요.

"우리도 태어나고 사랑을 받으며 자라서 한 생을 살아가잖아. 그와 마찬가지로 물건에도 삶이 있단다. 예전에는 물건이 주인을 만나면 아주 오랜 삶을 누릴 수 있었지."

"오랜 삶이요? 얼마나요?"

"인간만큼은 아니어도, 10년, 20년은 쓰였단다. 더 오래 쓰인 물건은 50년, 100년도."

"말도 안 돼."

친구가 깜짝 놀랐어요. 놀란 것은 물고기병사도 마찬가지였어요. 물건이 그렇게나 오래 쓰일 수 있다니요.

"지금은 말도 안 되는 일처럼 느껴지지. 하도 일회용품이 많아졌으니. 하지만 말이다. 물건은 마음만 먹으면 얼마든지 오래 쓸 수 있어. 일회용품조차도."

"하지만 일단 쓰고 나면 더럽잖아요."

"하지만 한 번 쓰고 버린다면 너무 안타깝잖아. 물건의 운명이."

친구가 선생님을 조금 이상하다는 듯이 바라보자 소녀가 쿡쿡 웃었어요. 선생님은 마치 물건이 살아 있는 생명처럼 말할 때가 가끔 있지요. 소녀는 이제 선생님의 말에 익숙해졌지만, 처음 접하는 친구는 이상하게 들렸던 거예요.

하지만 물고기병사는 선생님의 말에 감명을 받았답니다.

"맞아요! 우리는 다 주인을 만나서 오래 함께하기 위해 태어났다고요. 버려지기 위해서가 아니라! 그리고 이렇게 마음이 다 있어요!"

물고기병사는 어느새 눈물이 맺혀 있었어요. 마린왕자, 뽁뽁이, 스티로폼 상자 아저씨 모두 사랑받고 더 쓰이고 싶어 했답니다. 한 명이라도 그 마음을 알아주는 사람이 있다는 것이 매우 감사했지요.

물건에도 삶이 있다고요!

소녀는 포장용 연노랑 리본을 못 쓰는 머리띠에 열심히 감았어요. 리본이 칭칭 감기더니 머리띠는 어느새 아주 멋진 연노란 머리띠가 되어 있었답니다.

"이 머리띠도 분리수거장에서 가져온 거야. 캐릭터 머리띠였는데 위에 달린 인형이 떨어져서 버렸나 봐."

소녀가 말하자 친구가 손뼉을 치며 말했어요.

"아. 뭔지 알 것 같아. 그 캐릭터가 지난 방학 때 유행이었잖아. 지금은 인기가 뚝 떨어져서 아무도 그 머리띠 안 할걸?"

"하지만 이렇게 멀쩡한데?"

소녀가 연노랑 머리띠를 들어 보이자 친구도 고개를 끄덕일 수밖에 없었어요. 그 머리띠는 기능상으로 전혀 문제가 없었어요. 그저 관심이 식었다는 이유로 버려졌지요.

그때 선생님이 버려진 비닐 포장지로 장미를 접어 주었어요. 소녀는 머리띠에 장식으로 그 장미를 붙였지요. 그러자 정말이지 예쁜 머리띠가 탄생되었답니다. 그 과정을 지켜보던 물고기병사도, 친구도 감탄을 터트렸어요.

"와, 정말 대단하다. 버려진 물건들로만 만든 거잖아."

"어때? 이 정도면 또 쓸 수 있겠지? 이 머리띠도 노랑 끈도 더 살아갈 수 있게 되었어."

선생님이 웃으며 말했어요. 하지만 친구는 아무래도 이상하다는 표정으로 선생님을 보았어요. 소녀는 쿡쿡 웃었어요. 친구는 더는 참지 못하고 물었지요.

"근데 왜 아까부터 물건이 마치 살아 있는 것처럼 말하세요?"

"응?"

"물건은 무생물이잖아요. 생물이 살아 있는 거지요. 이것들은 살아 있는 게 아니에요."

"흠. 살아 있는 게 아니라는 이유로 마구 대하고 버려도 되는 걸까?"

"네? 마구 대하고 버리다니요. 다 필요해서 쓰는 물건들인데요?"

"과연 그럴까?"

선생님이 어깨를 으쓱하자 친구의 표정은 더욱 의아해졌어요. 선생님은 손뼉을 치며 소녀에게 말했어요.

"좋은 생각이 있어! 마침 부 재료를 가져올 겸 마트에 다녀올래?"

소녀와 친구는 함께 마트에 들어섰어요. 그제야 친구는 부 재료를 위해 선생님이 왜 문구점이 아니라 마트에 가라고 했는지 알 수 있었어요. 마트의 포장대에는 온갖 종류의 포장재가 널브러져 있었지요. 사람들이 장바구니를 정리하면서 버린 포장용기들이 여기저기 떨어져 있었어요.

소녀는 바구니에 쓸 만한 포장용기를 담았답니다. 사실 거기 있는 모든 용기들이 쓸 만한 상태였어요. 하지만 모두 가져갈 수는 없었지요. 너무 많았거든요.

소녀와 친구는 손을 잡고 마트에 들어갔어요. 마트 안은 온통 포장재 천국이었답니다.

"세상에. 사과도 한 알씩 비닐 포장되어 있잖아!"

친구가 놀라 외쳤어요. 하지만 사과뿐만이 아니었어요. 바나나도 한 송이씩 포장되어 있었고, 야채도, 우유도, 포장된 과자도 또 포장되어 있었어요. 마치 마린왕자와 물고기병사가 그랬던 것처럼, 아주 예쁜 모형의 포장들이 즐비했어요.

소녀의 머리 위에 있던 물고기병사도 너무 놀라 눈을 깜박였어요. 저 포장들이 정말 다 필요해서 있는 걸까요? 저 진열된 포장재들은 과연 알까요? 자신들이 딱 3초, 아니 어쩌면 1초만 눈길을 받고 버려진다는 사실을요.

"전에는 물건들만 보였는데 이제는 포장용기들이 보여."

"우리가 방금 전에 포장용기부터 신경 써서 봐서 그래."

"이 많은 포장들이 다 그냥 버려진다고?"

소녀는 친구의 말에 고개를 끄덕였어요. 친구는 할 말을 잃었어요.

사실 친구도 포장을 쉽게 버리고는 했거든요. 물건을 살 때도 포장되어 있는 것을 더 좋아했고요. 왠지 더 예뻐 보이기도 했으니까요. 하지만 그 포장들의 양이 이렇게나 많을 거라고는 생각하지 못했어요. 친구는 자기도 모르게 중얼거렸어요.

"……아까워."

소녀와 친구, 물고기병사는 무거워진 마음으로 다시 미술 교실로 돌아왔답니다.

선생님은 문을 열고 들어오는 소녀와 친구, 물고기병사를 보고는 호기심 어린 얼굴로 물어보았어요.

"어때? 마트에 가니까."

"부 재료가 잔뜩 있던걸요. 사람들은 물건을 사자마자 거기서 포장부터 벗겨서 버리더라고요."

소녀의 말에 친구는 씁쓸한 표정을 지었어요.

"왜 그렇게 쉽게 버릴까요?"

"흠. 글쎄. 물건은 무생물이니까. 버려도 속상해하지 않고, 아프지도 않을 테니 쉽게 버리는 게 아닐까? 하지만 물건에도 마음이 있고 삶이 있다고 생각해 봐."

선생님의 말에 물고기병사는 눈이 번쩍 뜨였어요.

"맞아요! 물건에도 마음이 있고 삶이 있다고요! 저처럼요."

물고기병사의 외침을 들은 것인지 선생님은 빙그레 웃었어요.

"물건도 태어나고 우리에게 오기까지 자라는 시간이 있잖아. 그런 다음 우리를 만나 쓰이는 삶이 있고. 그런데 요즘 물건의 삶은 너무 짧아지고 있어. 이 포장용기들은 우리를 만나자마자 버려지잖아. 버려진 포장용기들에게도 마음이 있다고 생각하면 그건 무척이나 슬픈 일이야. 지구에도 안 좋은 일이고. 그러니 이제부터 물건도 행복하고 오랜 삶을 살게 해 준다면 어떨까?"

친구는 선생님의 말을 들으면서 생각에 잠겼어요. 그러자 소녀가 친

구에게 연노란 머리띠를 건네주었어요.

"자, 선물이야."

친구는 웃으며 머리띠를 해 보았어요. 처음 미술 교실에 들어왔을 때만 해도 '물건의 삶'이란 말은 참 이상하게 들렸어요. 그런데 이제 더 이상 물건에게 행복한 삶을 준다는 말이 별소리처럼 들리지 않았어요. 오히려 매우 따뜻하고 가슴이 뛰는 말로 들렸지요.

"저도 물건에게 행복한 삶을 주고 싶어요."

친구는 자신이 그런 역할을 할 수 있다는 것이 무척이나 멋지게 느껴졌답니다.

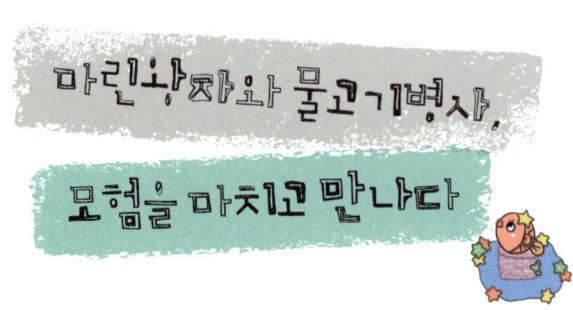
마린왕자와 물고기병사, 모험을 마치고 만나다

　소녀는 아침 일찍 일어나 씻고 거울 앞에 섰어요. 언제나처럼 물고기병사 머리핀을 머리에 꽂았지요.

　"앗. 늦겠다!"

　소녀는 얼른 가방을 메고 나갔어요. 발걸음이 더없이 가벼웠지요. 오늘은 특별한 날이거든요. 바로 선생님의 전시회에 친구와 함께 구경을 가는 날이에요.

　사실 선생님은 환경 운동가이면서도 유명한 화가이시거든요. 선생님의 작품과 외국 친구들이 보내온 특별한 작품도 함께 전시한다고 해요.

모두 버려진 물건에 새로운 가치를 입힌 업사이클링 작품들이래요.

골목 어귀에서 친구가 손을 흔들고 있었어요. 친구의 머리에는 연노란 머리띠가 예쁘게 둘러져 있었지요. 소녀는 어쩐지 기분이 더 좋아졌어요. 물고기병사도 미소 지었답니다. 왜냐고요? 연노랑 리본이 활짝 웃고 있는 것을 보았거든요.

"이렇게 새롭게 쓰일 줄은 몰랐어. 매일매일이 정말 감사해."

연노랑 리본의 말을 듣고 물고기병사도 고개를 끄덕였어요. 물고기병사도 소녀를 만난 후로 매일매일이 항상 감사했거든요.

소녀와 친구는 손을 잡고 전시회장으로 갔어요. 전시장에는 사람들이 꽤 많았어요. 모두 물건을 다시 사용하는 데 관심이 많은 사람들이었지요. 게다가 이렇게 예쁘게 작품으로 표현할 수 있다는 것에 무척이나 놀란 것 같았어요.

선생님은 전시장을 방문한 사람들을 반갑게 맞이했어요. 그리고 사람들에게 페트병으로 만든 목걸이를 기념품으로 나눠 주었어요. 포장은 다시 쓸 수 있는 손수건으로 해서 건넸지요.

"와, 세상에 페트병으로 지붕을 만들었어. 저것을 만든 사람은 정말 대단하다."

친구가 전시회에 걸린 사진을 보고 감탄을 터뜨렸어요. 그러자 소녀도 함께 사진을 들여다보았지요.

"응. 선생님이 그러셨어. 플라스틱은 버리면 잘 썩지 않아서 골칫덩이지만, 다시 쓴다고 생각하면 아주 훌륭한 재료래. 내구성이 강해서 쓰기에 좋대."

물고기병사는 소녀의 말을 듣고 분리수거장에서 만난 많은 페트병을 떠올렸어요. 그 페트병들은 모두 버려졌다는 사실에 두려워했는데, 이렇게 사용되었다면 얼마나 좋았을까요.

"저건 내가 가져온 걸로 만든 거야."

소녀는 친구에게 뽁뽁이로 만든 지갑을 보여 줬어요. 다시 태어난 뽁뽁이는 아주 멋진 모습으로 변신해 있었어요. 소녀와 친구는 전시회 작품을 구경하느라 시간이 가는 줄도 몰랐답니다.

그런데 전시장 한쪽에 아이들이 모여 있었어요. 아주 멋진 작품이 전시되어 있나 봐요.

"엇. 이거 봐. 바닷가 마을에 사는 레니라는 아이가 만든 거래."
"우와! 예쁘다. 근데 이거 정말 포장용품 맞아? 그냥 제품 같은데?"
"그러게. 그냥 마린왕자잖아."

물고기병사는 그 순간 가슴이 쿵쾅 뛰었어요. 분명히 한 아이가 이렇게 말했거든요. '마린왕자'라고요.

물고기병사는 얼른 아이들 쪽으로 가 보고 싶었어요.

"뭔데 그럴까?"

"한 번 가 보자."

그런 물고기병사의 마음을 알았는지 소녀와 친구는 아이들이 있는 쪽으로 다가갔어요.

아이들이 보고 있는 작품을 본 소녀와 친구들은 감탄을 터트렸어요.

"와. 예쁘다."

"마린왕자 오르골이네."

물고기병사의 눈에는 뜨거운 눈물이 고였어요. 가슴이 쿵쾅쿵쾅 뛰었지요. 목이 메어 말도 꺼낼 수 없었답니다.

아이들이 모여 있는 그곳에는 정성껏 색칠이 더해진 마린왕자가 오르골로 다시 탄생해 있었거든요.

"마린왕자님……."

아이들이 보내는 사랑의 눈길을 받던 마린왕자가 자신을 부르는 소리에 고개를 돌렸어요. 그제야 소녀와 친구, 그리고 물고기병사의 모습이 보였지요.

"물고기병사!"

마린왕자와 물고기병사는 감격해 한동안 서로 말없이 바라보았답니

다. 드디어 다시 만나게 되었어요. 먼 여행 끝에 새로운 삶을 얻어 말이지요.

"어? 그런데 이 마린왕자는 네 머리핀이랑 세트같아."

"진짜 그러네. 마린왕자와 물고기병사는 영원한 친구니까."

"레니라는 친구에게 부탁해 볼까? 이 두 친구를 함께 있게 해 달라고 말이야."

소녀와 친구는 해사하게 웃으며 손을 잡았어요.

마린왕자와 물고기병사의 마음에도 따뜻한 웃음이 번져 나갔답니다.

> **포장재가 포장 쓰레기로 되는 시간, 3초
> 쓰레기가 되어 살아가는 시간, 수백 년**

잠시 바깥으로 나와 우리 주변을 둘러볼까? 없는 물건이 없는 마트, 매일 다녀오는 학교, 아름드리나무들이 있는 공원, 길가에 선 자동차들, 편의점, 은행, 예쁜 옷이 걸려 있는 옷가게가 있지. 아, 맛있는 냄새를 솔솔 풍겨 매일 집에 갈 때마다 발길을 잡는 떡볶이집도 빼놓을 수 없지. 이처럼 다양한 장소와 거기서 만나는 사람들, 물건들로 우리 하루는 바쁘게 흘러가. 그런데 하나 빠트린 게 있어. 이 모든 장소에서 볼 수 있고, 우리와 늘 함께 있는 것이야. 그런데 우리는 이것들과 늘 함께하고 있다는 것을 자주 잊고는 하지. 자, 이것이 과연 무엇일까? 맞아. 바로 포장 쓰레기야.

  좀 더 자세히 말하면 포장재지. 각종 상자, 케이스, 비닐봉지, 그리고 일회용기의 모습으로 우리 삶에 다가왔다가 금세 쓰레기가 되어 버리지. 그 쓰임이 너무도 짧아 우리는 이것이 '쓰이는 물건'이었다는 것을 잊어버려. 당연히 '버리는 것'이라고 생각하지. 동화 속 마린왕자처럼 말이야.

다양한 포장재들, 금세 버리는 우리의 모습

  3초(어쩌면 그보다 짧게)만 눈길을 받고 버려지는 것이 이 포장재들의 운명이야. 그리고 이렇게 버려진 포장재들은 쓰레기가 되어 수백 년을 살아가야 해. 왜냐고? 이들의 재질이 대부분 플라스틱이라 썩으려면 아주 오래 걸리거든. 보통 백 년, 길게는 수백 년이 걸리기도 해.

　이렇게 우리 주변에 항상 있고, 사람들이 쉽게 쓰고 버리는 물건이 포장재야. 너무 쉽게 쓰고 버릴 수 있어서일까? 사람들은 가끔 이 많은 포장재들이 모두 '물건'이라 고스란히 우리 주변에 남아 있다는 것을 잊는 것 같아.

　그도 그럴 것이, 매일같이 쓰레기를 치워 주시는 청소부 아저씨의 수고 덕분에 우리 주변에는 넘쳐나는 쓰레기가 잘 보이지 않거든. 하지만 이 포장 쓰레기들이 모두 '존재'하고 있다는 것은 엄연한 사실이야. 매일매일 엄청난 양의 포장 쓰레기가 쓰레기차에 실려 우리 눈에 보이지 않는 곳으로 옮겨지고 있어. 포장 쓰레기들은 어디로 가는 걸까?

이제 지구의 주인은 포장 쓰레기가 될지도 몰라

　포장재가 쓰이는 시간은 눈 깜박할 정도인데 버려진 시간은 인간의 수명보다도 길어. 그러니 만들어지는 포장 쓰레기양은 무척 많은데 없어지는 양은 매우 적겠지. 그렇다 보니 전체 쓰레기양에서 포장 쓰레기가 차지하는 비중은 급격하게 늘어났어.

　통계에 따르면 포장 쓰레기는 중량 면에서는 32%를 차지하고, 부피 면에서는 50% 이상을 차지한다고 해. 다시 말해 차지하는 면적이 넓기 때문에 보관하기 위해서는 그만큼 넓은 공간이 필요해. 포장 쓰레기를 보관하려 해도 오랫동안 썩지 않아서 그 공간이 빨리빨리 비워지지가 않아. 즉, ==쓰레기를 보관할 공간이 엄청난 속도로 늘어나야 한다는 이야기지. 이렇게 가다가는 지구가 포장 쓰레기 행성이 될 지경이야.==

　그런데 말이야. 이 포장 쓰레기 행성이란 말은 정말 과장된 말이 아니야. 우주에서 우리 지구를 바라볼 때 인간이 남긴 흔적들이 몇몇 보여. 중국의 만리장성, 피라미드, 그리고 미국 뉴

욕에 자리한 '프레시킬스' 매립지야. 이곳은 플라스틱, 유리, 나무, 금속, 종이 등 다양한 포장 쓰레기와 폐기물들이 묻힌 곳이지.

 10년에 걸친 업사이클링을 통해 이 매립지는 공원으로 조성되어 시민의 품으로 돌아왔어. 만일 이곳을 업사이클링하지 않고 매립지로 두었다면 우주에서 인간이 남긴 조형물로 만리장성과 쓰레기 매립지가 보였을 거야.

 만리장성이 있는 중국도 어쩌면 만리장성보다 더 긴 쓰레기 매립지를 보유하게 될지도 몰라. 빠르게 산업이 발전하면서 중국에는 '비닐봉지와 쇼핑백'의 소비량이 엄청나게 늘었어. 이것을 '백색오염(white pollution)'이라고 해.

 IT 강국으로 우뚝 선 인도에도 버려진 플라스틱 비닐을 흔히 볼 수 있어. 남아프리카에서는 버려진 비닐봉지를 '국화(national flower)라고 불러. 그만큼 온 나라에 플라스틱 비닐이 범람하고 있다는 뜻이겠지. 이처럼 산업화가 진행되면서 플라스틱의 소비와 쓰레기는 엄청나게 늘어났어.

남아프리카의 비닐 쓰레기

어쩌다 지구에 쓰레기가 넘쳐나게 되었을까? 쓰레기의 역사

우리나라는 물론이거니와, 앞서 말한 미국, 중국, 인도 등 많은 나라들이 산업화를 거치면서 쓰레기가 비약적으로 늘어났어. 아직 산업화가 이루어지기 전인 17~18세기에는 쓰레기가 이만큼 많지 않았어. 그리고 모두 땅에 묻으면 잘 썩어 흙이 되는 것이었지. 가장 많이 나온 쓰레기가 인간과 짐승의 배설물이었어. 이것은 땅에 묻으면 거름이 되기 때문에 농업 생활을 하는 당시 사람들에게는 아주 이로운 자원이었지. 공장도 없어서 물건도 하나하나 만들어 써야 했어. 버리는 물건도 거의 없었어. 물건이 적어 불편하기는 했지만, 그만큼 소중히 여기고, 함께 쓰는 일이 많았지.

19세기가 되어 산업 혁명을 거치면서 각 지역에 살던 사람들은 점차 도시로 모여 들었어. 이전처럼 자연과 함께 살아가는 방식은 더는 불가능해졌지. 도시에는 배설물을 묻을 땅이 적었고, 농사를 짓지 않기 때문에 거름도 필요 없었어. 대신 공장

농사를 짓고 물건을 고쳐 쓰던 19세기 이전 사람들

산업 혁명 시대에 대량 생산된 물건을 쉽게 사고 버리는 사람들

시설이 세워지고, 대량 생산을 하게 되었지.

이제 손쉽게 물건을 만들어 낼 수 있어서 더는 하나의 물건을 소중히 아껴 쓸 필요도 없었어. 게다가 자연의 시간대로 농사짓고 사는 생활이 아니라, 직장에 근무하게 되면서 물건을 고치고 다듬어서 꾸준히 쓸 시간도 없어지고 말았지.

또한 산업이 발달할수록 사람들은 물건을 쓰고 새로 사는 것을 하나의 미덕처럼 여기며 살게 되었어. 물건이 낡으면 고치기보다는 사는 것이 더 낫다고 생각하게 된 거야. 사람들은 물건을 많이 사야 경제가 발전한다고 이야기하기도 했지.

더 사고 싶게 만드는 포장 마케팅, 그리고 플라스틱 쓰레기

산업이 발달하며 사람들의 경제력이 늘어나고 '소비 문화'가 늘어날수록 쓰레기는 더욱더 많이 나오게 돼. 그러다 '플라스틱'이 산업에 등장하면서 쓰레기의 양은 폭발적으로 늘어나게 되었어. 왜냐고? 플라스틱이 등장하면서 일회용품과 더불어 포장재도 늘어났기 때문이야. 이것은 플라스틱의 성질과 관련이 있어.

플라스틱은 원하는 모양으로 물건을 만들기도 쉽고, 열에만 약할 뿐 쉽게 상하지도 않아. 게다가 가격도 무척 싸고. 그러다 보니 예쁘게 물건을 만들어 포장하는 데 아주 적격이지. 금속이나 목재에 비해 한 번 쓰고 버려도 될 만큼 제조 과정이 쉽고 가격도 저렴해.

자, 확인해 볼까? 당장 마트에 가 보면 무수한 플라스틱 일회용 용기에 담긴 야채와 과일들을 볼 수 있을 거야. 다양한 모양의 플라스틱 병에 담긴 음료들을 쉽게 찾아볼 수 있어. 모양이 무척 귀엽고 예쁜 플라스틱 케이스가 우리의 눈길을 끌지. 수박을 반으로 잘라 그 모양대로 담을 수 있게 나온 일회용 플라스틱 포장재도 있지.

그렇게 담긴 물건은 무척 깔끔하고 예뻐 보이기 때문에 더욱 사고 싶어져. 사람들은 포장 속에 또 포장이 된 2차 포장 물품

예쁘게 포장된 채 팔리는 상품들의 모습

까지 쉽게 구매해. 마린왕자처럼 말이야. 포장을 뜯으면 그 안에 예쁘게 또 포장이 되어 있는 것이지. 그뿐만 아니라 같은 물건인데도 포장 패키지만 여러 종류로 나와서 사람들의 구매 욕구를 자극해. 이미 가지고 있는 물건인데도 포장 패키지가 달라 또 사들이게 돼.

그렇게 쓰인 포장재는 정말 눈길만 끈 채 3초도 못 쓰이고 버려져. 포장재도 나름 이 세상에 쓰이기 위해 탄생된 물건인데……. 마린왕자나 물고기병사의 이야기를 보며 그들의 운명이 좀 가혹하다는 생각이 들지 않았니? 게다가 그렇게 버려진 포장 쓰레기가 어디로 가는지도 우리는 모르고 있으니 말이야.

포장 쓰레기도 미처 몰랐던
쓰레기의 긴 여정을 살펴볼까?

마린왕자와 뽁뽁이의 여정을 보면 알 수 있듯이 포장 쓰레기들은 대부분 수거된 다음에 재활용되거나 다양한 처리 시설로 보내져. 해양 투기가 불법이 되기 전까지 바다에 버리는 일도 흔했지. 그렇다면 재활용을 제외한, 당장 우리 눈에는 보이지 않는 쓰레기들은 어디로 가게 되는 걸까?

+ 매립지 +

우리나라에는 위생 매립지가 여러 군데 있어. 2000년도에는 생활폐기물의 절반(47%) 가량을 매립했지. 지금은 하늘 공원, 평화 공원이 조성된 서울의 상암동도 과거에는 '난지도'라고 불리는 서울의 생활 쓰레기 매립지였어.

매립은 말 그대로 땅에 쓰레기를 묻는 거야. 공간을 최소로 차지하게끔 쓰레기를 압축시킨 다음에 땅에 묻는 방식이야. 그렇게 땅속에서 쓰레기가 썩도록 하는 것인데 다른 쓰레기 처리 방식인 소각에 비해 비용 면에서 저렴하지. 그래서 많이 쓰이는 방식이기도 해.

쓰레기를 땅에 묻는 매립지 시설

하지만 이 방식에는 몇 가지 문제가 있어. 먼저 토양 오염이야. 각종 병원성 오염과 중금속 오염 물질이 토양에 스며들어 농작물을 키우는 데 피해를 입힐 수 있어. 또 하나의 문제는 땅에 묻은 쓰레기로부터 흘러나온 침출수야. 상하수도원으로 침출수가 스며들어 수질 오염 문제까지 일으킬 우려가 있지. 이에 대해서는 엄격한 관리가 필요해.

땅에 묻은 쓰레기에서 뿜어져 나오는 유독 가스 때문에 과거에 매립지의 화재도 종종 일어났어. 공기 중에 스며드는 유독 물질은 우리 인체에 아주 큰 악영향을 줘. 여러 문제점으로 인해 매립 방식은 꾸준한 관리가 반드시 필요해.

✛ 소각장 ✛

마린왕자와 뽁뽁이가 가장 두려워했던 곳이 바로 소각장이야. 이곳은 쓰레기를 불로 태워 없애는 곳이지. 쓰레기를 고열로 태우면 재와 연기가 되어 버리기 때문에 매립처럼 넓은 대지가 필요하지 않아. 쓰레기가 없어질 때까지 오랜 시간을 기다릴 필요가 없지. 쓰레기를 태우면서 얻는 증기력으로 전기를 얻을 수도 있어. 그래서 20세기 전반까지만 해도 쓰레기를 소각하는 것이 위생적이고 효율적인 방법이라고 생각했어.

그러나 이 소각에는 아주 치명적인 문제가 있어. 바로 재와 연기로 인한 오염이야. 플라스틱 포장 등을 태우면 '다이옥신' 같은 유독 화학 물질이 나오게 돼. 이것은 우리 건강과 환경에 아주 치명적인 악영향을 주지. 소각장에서 나오는 다이옥신, 유독한 중금속으로 인해 인근 주민들의 건강 문제가 심각해졌어. 그래서 우리 동네에는 소각장을 만드는 것을 결사반대하는 사람들이 많아.

그뿐만 아니라 매립에 비해 소각에는 매우 많은 비용이 들어.

소각장

많은 쓰레기를 고열로 태우기 위해서는 전문 인력과 시설이 필요하거든.

✚ 쓰레기 수출 ✚

자본주의와 소비주의의 결과물인 쓰레기 문제는 이제 모든 나라의 골칫덩이가 되어 버렸어. 급기야 자국에서 매립하거나 소각하는 양보다 더 많은 쓰레기가 나와 다른 나라로 수출하는 상황이 벌어졌지. 다시 말해, 해결되지 못한 골칫덩이를 다른 이에게 돈을 주고 넘기는 상황이야.

세계은행 2012년 보고서에 따르면 돈이 많은 나라에서 나오는 쓰레기는 전체의 46%이고 돈이 없는 나라는 6%라고 해. 돈이 많기에 그만큼 소비도 많이 하고 물건을 많이 써서 쓰레기도 많이 나오는 거지. ==1980년 대부터 잘사는 나라들은 돈을 주고 못사는 나라에게 쓰레기를 팔아넘겼어.==

가장 심한 것이 바로 전자 쓰레기야. 'E 쓰레기'라고도 불리지. 이것은 전자 제품에서 나오는 폐기물이야. 전 세계 전자 쓰레기의 90% 이상이 잘사는 나라에서 못사는 나라로 옮겨져. 우리나라도 쓰레기를 수출하는 나라 중 하나지. 그렇게 수출된 쓰레기는 가나, 나이지리아, 인도, 방글라데시 같은 개발 도상국이 수입해.

 하지만 수입해 간 나라들도 쓰레기가 골칫덩이인 것은 마찬가지야. 개발 도상국 곳곳에 그대로 방치된 쓰레기들로 인해 그 나라 주민들이 피해를 입고 있지. 환경이 오염되고 전자 쓰레기에서 발생된 오염 물질로 사람들은 건강도 잃고 있어. 쓰

전자 쓰레기 더미에서 팔 것들을 찾는 개발 도상국 어린이들

레기 무덤 속에서 '다시 팔 수 있는' 금속을 찾는 어린아이들도 많아. 어린 나이에 중금속으로 건강에 치명적인 피해를 입을 수도 있어.

1989년에는 유해 쓰레기를 수출하고 수입하는 것을 막는 바젤 협약(Basel Convention)이 이루어졌어. 하지만 이를 벗어난 불법 거래가 아직도 진행되고 있지.

+ 바다에 생긴 거대한 플라스틱 섬 +

20세기 후반까지 매립과 소각 말고도 바다에 쓰레기를 버리는 일도 많았어. 바다에 버리면 매립지나 소각장처럼 돈도 안 들고, 우리가 살고 있는 곳도 아니기 때문에 쓰레기를 버리기에는 안성맞춤이었지. 그 역시 눈 가리고 아웅인 행동이란 것을 미처 깨닫지 못했던 거야.

넘치는 쓰레기를 배에 싣고 가서 먼 바다에 버리는 일만 전문으로 하는 기업도 등장했어. 바다를 건너는 비행기나 배들도 쓰레기를 투기하는 일이 빈번했지. 바다에 버리는 쓰레기양이 얼마나 엄청났는지, 하와이 인근에는 플라스틱 쓰레기로 이루어진 섬, 일명 '아틀라스'까지 발견됐지. 1997년 요트 경기에 참가한 미국인 찰스 무어(Charles Moore)가 발견한 플라스틱 섬의 크기는 우리나라의 7배가 넘는다고 해. 북태평양에 이러한 플라스틱 섬이 최소 세 군데는 있어.

쓰레기 섬을 발견한 찰스 무어

멀리 하와이까지 갈 필요도 없어. 우리나라 인천 앞바다에 버려지는 쓰레기만도 연간 19만㎥에 달한다고 해. 이것은 10톤 트럭 1만 여대에 실린 쓰레기 양이야.

　이처럼 엄청난 바다 오염의 피해는 다시 우리에게 돌아왔어. 바다 생물들이 쓰레기를 먹이로 착각해 먹은 채 잡혀 다시 우리 식탁으로 돌아왔지. 잘 썩지 않는 플라스틱은 고스란히 물고기의 뱃속에서 발견되었어. 물고기에서 미세 플라스틱이 발견되자 어패류를 먹고사는 우리의 건강에도 적신호가 켜졌어. 바다에서 얻는 자원도 훼손되거나 기형이 생겼지. 바다 자원으로 살아가는 사람들의 발등에도 불이 떨어졌어. 문제는 그뿐만이 아니야.

　미세 플라스틱은 다양한 형태로 이미 우리에게 침투하고 있어. 미국 미네소타대학교 공중보건대학의 조사에 따르면 미국, 유럽, 아시아 등 14개국 나라의 수돗물 83%에서 미세플라스틱이 검출되었다고 밝혔어. 다시 말해, 가정 집 수도꼭지를 틀면 쏟아져 나오는 수돗물에도 미세 플라스틱이 들어 있다는 이야기지. 우리는 그 물로 씻고, 마시고, 그릇을 닦아. 우리 눈에 보이지 않는다고 해서 절대 존재하지 않는 게 아니야. 미세 플라스틱 속에 담긴 유해 화학 물질이 우리에게 어떤 위협이 될지는 아무도 예상할 수 없어.

1975년 여러 나라들이 해양 투기의 심각성을 깨닫고 이제부터라도 바다에 쓰레기를 버리지 말자는 약속을 맺어. 그것을 런던 협약(London Dumping Convention)이라고 해. 33개국이 참여한 이 협약에 우리나라도 1992년에 참여했어. 하지만 법적 구속력이 없었던 탓에 협약을 맺고도 어기는 일이 많아. 인간의 생활과 소비로 나온 쓰레기로 인해 더는 바다가 고통 받는 일이 없었으면 해.

그런데 잠깐, 2차 포장이라고?
이 포장들이 꼭 필요할까?

포장재로 태어났다가 곧바로 쓰레기가 되어 버리는 운명이 너무 가혹한 것 같다고? 쓰레기의 긴 여정을 살펴보았다면 가혹하다는 말로도 부족할지 몰라. 이 포장들은 꼭 이렇게 버려져야만 하는 걸까? 이 질문을 생각하기에 앞서 먼저 포장이란 어떤 물품인지를 한 번 제대로 살펴보자.

포장재는 본디 물건을 옮기거나 보관할 경우, 물건을 보호하는 용도로 만들어진 물건이야. 다시 말해 제품의 보호와 보전을 위해 만들어진 것이지. 충격에 약한 유리로 만들어진 그

릇도 뽁뽁이와 완충재 같은 포장 제품이 있다면 안심하고 옮길 수 있어. 모양이 흐트러지기 쉬운 쿠키 제품도 포장용기 안에 들어 있으면 온전한 모양으로 소비자에게 도착할 수 있지. 또한 택배와 같은 배달 서비스가 늘어나면서 포장의 역할은 더욱 중요해졌어.

이처럼 포장재는 우리 생활에 꼭 필요한 일을 하고 있어. 그런데 대부분의 포장이 1회성에 그치고 있다는 것이 문제야. 간편하게 쓰고 저렴한 비용으로 포장하려다 보니 대부분 일회용 제품이 많거든. 그러다 보니 자연스럽게 한 번 쓰고 버리는 일이 많고. 문제는 그뿐만이 아니야.

포장을 또 포장한다고? 2차 포장에 대해

마트에 가면 이미 포장된 제품들을 묶어서 한 번 더 포장되어 있는 상품들을 쉽게 찾아볼 수 있을 거야. 예를 들어 샴푸가 두 개 들어 있는 플라스틱 패키지, 우유 두 개를 포장한 비닐 패키지, 참치캔들을 쌓아 다시 포장한 비닐 패키지 같은 것 말이야.

　이렇게 이미 포장된 제품을 한 번 더 포장한 포장재를 2차 포장재라고 불러. 이런 2차 포장은 대부분 포장의 역할, 즉 제품의 보전과 보호를 위해서 하는 것이 아니야. 제품을 안전하게 보전하기 위한 포장은 한 번으로 충분하거든. 2차 포장은 대부분 '상품의 마케팅'을 위해서 이루어져.

　우리가 물건을 사는 이유로는 '그 물건을 쓰기 위해서'도 있지만, '그 물건의 외양이 예쁘거나, 멋져 보여서' 소장하고 싶기

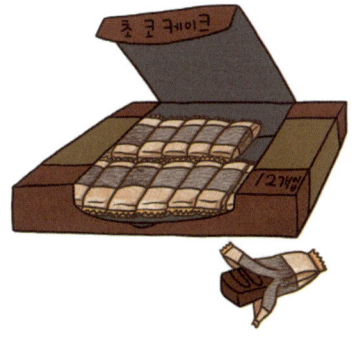

포장품을 또 패키지 포장하는 2차 포장 제품

도 해. 2차 포장은 이러한 소비자의 마음을 움직여서 구매를 하게 만드는 마케팅 장치야.

큰 과자 봉지 하나보다 올망졸망하게 작은 과자 봉지를 여러 개 만들어 묶으면 물건이 더 많아 보이기도 하고, 더 다양해 보이기도 해. 그리고 앙증맞은 과자 봉지를 가지고 싶은 마음이 들지. 기업들은 이런 소비자의 심리를 자극하기 위해 2차 포장을 이용한 다양한 마케팅 전략을 펼치고 있어.

종이 포장을 열면 그 안에 든 과자들이 일일이 플라스틱 비닐로 예쁘게 포장되어 나온 제품들도 많아. 이 제품들은 일명 '고급 패키지'라는 명목으로 소비자에게 인기를 끌었어. 하지만 이렇게 포장되는 2차 포장재들은 1차 포장재와 달리 보전, 보호의 역할도 하지 않아서 더욱 그대로 버려지기 쉬워. 게다가 대부분 플라스틱과 비닐로 만들어져. 부피만 차지하지 재활용할 수 있는 구석이 적기 때문에 1차 포장보다 더 분리수거도 되지 않는 편이야. 우리나라의 2차 포장재 규모는 1만 톤이 넘을 거라고 추산하고 있어. 이것은 우리나라에서 버려지는 플라스틱 포장 쓰레기 70만 톤 가운데 1%를 훨씬 넘는 양이지. 게다가 2차 포장재의 양은 매년 10% 이상씩 늘고 있어.

　지금 이 순간에도 10초마다 쓰이는 비닐봉지의 양이 24만 개나 된다고 해. 이것들은 모두 쓰레기가 되어 버릴 거야.

　자, 한순간의 구매 욕구를 자극하기 위해 만들어지는 쓰레기 양을 생각해 보자. 이제 2차 포장이 정말 필요한지 진지하게 고민해 봐야 하지 않을까?

물건이 이렇게 많은데
왜 자꾸 물건 걱정을 할까?

세상에는 이렇게 많은 물건들이 생기고 쓰레기도 넘쳐나고 있어. 그런데 한쪽에서는 물건이 없어질 거라고 걱정하는 사람들이 있지. 참 이상하지? 물건이 이렇게나 많은데 없어질 걱정을 하다니 말이야. 이 사람들은 왜 물건에 대해 걱정하는 걸까?

유한한 지구의 자원, 이제 대안을 찾아야 할 때

앞서 이야기했듯이 먼 옛날에는 우리가 자연에서 순리대로 얻은 재료로 물건을 만들며 살아갔어. 하지만 산업 혁명을 거치면서 사람들은 값싼 가격으로, 물건을 대량 생산하게 되었지. 모든 일은 자동화가 되면서 더 빠르게 진행되었어. 많은 물건을 무척 빠른 속도로 만들어 냈기 때문에 그 물건의 재료가 되는 자원은 급격히 떨어져 갔지.

포장재의 주재료가 되는 플라스틱은 석유에서 만들어 내는 합성물질이야. 플라스틱을 많이 쓰면 그만큼 석유도 많이 필요하지. 석유가 쓰이는 곳은 플라스틱만이 아니야. 자동차의 원료가 되는 휘발유, 전기를 생산하는 발전소에도 쓰여.

==석유의 매장량은 이미 많이 고갈되어 한계치에 다다랐어. 석유만이 아니야. 석탄, 천연가스와 같은 화석 연료들은 산업과 인간의 생활을 떠받치는 주 자원이야. 하지만 그 자원의 양이 한정되어 있기 때문에 언젠가는 고갈되고 말아.==

화석 연료의 경우, 수백만 년 전 동식물이 죽어 땅속에 묻혀 굳어진 물질이야. 석탄은 3억 년 전 거대한 숲이 남긴 소중한 유산이지. 석유와 천연가스는 그보다 더 오래된 바다 미생물이 남긴 귀한 자원이야.

그런데 공업이 발전의 중심이 되면서 수백만 년 전 지질 시대부터 쌓아 온 자원을 쓰는 데 그리 오랜 시간이 걸리지 않았어. 1900년대에 들어서는 20년 주기로 소비량이 2배씩 늘어났지. 환경학자들은 이대로 화석 연료를 쓰다가는 200년이 채 되지 않아 고갈될 거라고 경고했어. 언젠가 자원이 고갈되는 날을 우리는 반드시 대비해야 돼.

그런데 우리는 종종 자원이 한정되어 있다는 것을 잊는 것 같아. 매일같이 새로운 물건을 만들어 내고 바로 버리고 있으니 말이야. 포장재 역시 귀한 자원으로 만들어 낸 물건이라는 사실을 꼭 기억해야 해.

재활용이 만능 해결사가 아니라고?

앞서 소개한 매립, 소각 말고도 쓰레기를 처리하는 방식으로 '재활용'이 있어. 쓰레기를 분리수거하고, 재활용하는 것은 이제 많은 사람들이 익숙하게 참여하는 활동이야. 무분별하게 버리고 1회만 쓰는 것보다 훨씬 환경에 도움이 되고 자원도 아낄 수 있지.

하지만 장점만 가득할 것 같은 재활용에도 한계가 있어. 쓰레기를 분리수거하고 재활용하는 데도 비용이 들어. 재활용 처리를 하는 데도 전기 등 에너지가 많이 들어가. 오염 물질도 생겨나지. 게다가 쓰레기를 매립하는 비용보다 분리수거나 재활용하는 비용이 더 들면, 쓰레기를 처리하는 업체에서 그냥 매립해 버리는 일도 생길 수 있어. 마린왕자와 뽁뽁이가 그랬듯이 말이야.

다른 수지가 조금이라도 섞여서
재활용하지 못하는 수많은 플라스틱

이처럼 분리수거가 되더라도 재활용으로 이어지기에는 한계가 있어. 플라스틱의 경우, 다시 만들 때마다 그 고유한 유연성이 사라져. 그래서 재활용을 하더라도 1회 정도밖에 할 수가 없어. 너무 얇은 플라스틱의 경우는 아예 재활용이 불가능하지. 페트병 정도는 되어야 재활용이 가능해. 게다가 합성 제품은 혼성(성질이 다른 것)에 아주 민감해서 종류가 조금이라도 다른 수지(resin)가 섞여 있으면 아예 다 버려야 해.

마린왕자와 물고기병사처럼, 우리가 흔히 접하는 포장재는 가벼운 플라스틱으로 대부분 만들어져. 신축성이 큰 셀로판, 폴리에틸렌, 폴리스티렌 등으로 이루어져 있지. 한번 재처리되면 다시 활용할 수 없는 플라스틱도 있어.

쓰레기를 재활용하기 위해 다음처럼 마크로 표시해 두고 있으니, 이 표시가 있다면 반드시 분리수거를 하도록 하자.

이러한 재활용의 한계 때문에 사람들은 쓰레기 자체를 아예 줄이는 방면으로 관심을 가지고 있어.

프리사이클, 일부러 불편하게 물건을 사는 사람들

프리사이클(precycle)이라고 들어 봤니? 아직 익숙하지 않은 이 단어는 바로 포장재 없이 물건을 사는 것을 뜻해. 일단 포장을 하게 되면 재활용을 아무리 한다 해도 결국 쓰레기가 되어 버리는 것을 막을 수는 없어. 그래서 아예 '포장 없이' 쓰레기가 생겨나지 않는 쪽으로 소비 행동을 하기로 마음먹은 사람들이 있어. 포장이 없이 물건을 산다면 어떨까?

우선 매번 장을 볼 때마다 장바구니를 챙겨 가야 될 거야. 가게에서 당연하게 건네주는 비닐을 쓰지 않아야 하니까. 우유나 참기름 같이 액체로 된 것을 사야 한다면 그것을 담을 병이나 통을 들고 가야겠지. 그런데 잠깐, 내가 아무리 포장 없이 물건을 사고 싶어도 '우유'를 그냥 담아 주는 가게는 아무래도 없지 않을까? 아무리 내가 포장 없이 장바구니에 물건을 담고 싶어도 시장에서도 이미 소포장된 채로 판매되고 있다고?

이런 고민을 해결해 주는 곳이 우리나라에도 생겨났어. 서울

포장 없이 물건을 판매하는 프리사이클 식료품점 '더 피커'

성수동에 자리한 식료품점 '더 피커'는 식재료를 원 모습 그대로 판매하고 있어. 사과, 호박 같은 과일과 채소들이 바구니에 담겨 있어. 쌀, 콩 같은 곡물들도 투명한 원통에 담겨 있어서 내가 원하는 만큼 담아서 계산하면 돼.

 이곳에 올 때 혹 장바구니를 가져오지 않았다면, 에코백을 구입해서 거기에 담아 가도 돼. 에코백은 한 번 쓰고 버리는 것이 아니라 계속해서 여러 용도로 쓸 수 있으니까 바로 쓰레기가 되지 않아.

　이처럼 포장재를 최소한으로 씀으로써 아예 쓰레기 자체를 만들어 내지 않을 수도 있어. 그런데 좀 불편하긴 하겠지. 일일이 담을 통과 가방을 챙겨 가야 하고, 프리사이클 매장은 아주 적으니까.

　그래도 일부러 프리사이클 매장을 찾고, 불편을 감수하며 이렇게 소비하는 사람이 늘고 있어. 이런 사람들을 '착한 소비자 혹은 윤리적 소비자'라고 하지. 나만 생각하지 않고, 이웃과 동식물, 환경, 더 나아가 지구를 생각하는 마음으로 불편을 감수하고 친환경적으로 소비하는 사람들이야. 이러한 착한 소비자들의 움직임은 전 세계 곳곳으로 확산되고 있어.

　독일에서 맨 처음 생겨난 프리사이클 매장은 착한 소비자들의 참여로 인기를 얻고 있어. 독일에는 프리사이클 매장 '오리기날 운페어팍트(Original Unverpackt)'가 2014년 베를린에서 문을 열고 최근에 5호점까지 생겼대.

　프랑스, 이탈리아, 벨기에 등에서도 이 같은 프리사이클 매

오리기날 운페어팍트, 세계 곳곳에 열리는 프리사이클 매장 모습들

장이 생겼어. 미국에서도 '제로 마켓(Zero Market)'이라는 매장이 신선 식품과 생활 가공품을 포장 없이 팔고 있지.

업사이클링, 재사용을 넘어
물건에 새로운 가치를 선사하다

파도에 밀려 바닷가 모래사장 위에 내버려진 마린왕자를 주운 레니, 분리수거장에서 물고기병사를 발견한 민주처럼, 버려진 포장재를 쓰레기로 보지 않고 물건으로 본다면 어떨까? 사실 포장재는 원래 물건이니까 말이야. 그리고 이 물건에도 삶이 있고 태어나고 없어지기까지의 생애가 있다면 어떨까?

물건의 삶을 지켜 주는 사람들, 물건에도 마음이 있다고 생각한다면?

민주가 다니는 미술 교실의 선생님은 물건에도 삶이 있다고 했어. 그건 우리도 쉽게 느낄 수 있을 거야. 내가 가진 물건을 예쁘다고 생각하고, 소중히 쓰고 아껴 준다면 물건은 더욱 오래 쓰일 수 있어. 또 반짝반짝 빛이 나는 존재로 내 곁에 머물게 될 거야.

과거에는 소중히 대하는 물건을 다음 세대가 내리받아서 쓰기도 했대. 엄마가 딸에게 물려주는 드레스나 액세서리도 있었고. 소중히 대하고 쓴다면 물건은 오래도록 우리 곁에 머물 수 있어. 그런 물건들은 많은 추억과 감정이 담겨 있어 쉽게 버릴 수 없기도 하지. 이처럼 물건에도 생애가 있다고 생각한다면 우리 주변에 있는 모든 것을 소중히 대하고, 쉽게 버리지 않게 될 거야.

쓰레기와 물건의 생산, 업사이클링

민주는 버려진 물고기병사를 가지고 업사이클링 미술 교실에 갔지. 그곳에서 만나는 미술 재료들은 모두 버려진 물건, 포장재들이었어. 참 이상하지? 왜 버려진 포장재로 미술 활동을 하는 걸까? 그 이유는 바로 업사이클링이라는 말 속에 숨겨져 있어.

업사이클링(up-cycling)은 업그레이드(upgrade)와 재활용을 뜻하는 리사이클(recycle)을 합친 말이야. 다시 말해 버려진 물건에 가치를 더해 새로운 물건으로 만들어 내는 것을 뜻하지.

업사이클링이라는 말은 1994년 독일의 디자이너 리너 필츠가 처음 언급했어. 리너 필츠는 업사이클링이란 '낡은 제품에 더 많은 가치를 부여하는 것'이라고 이야기했지. 그리고 환경을 위해서, 또 제품과 재료의

리너 필츠

고유한 가치를 다시 발견하기 위해서 우리에게 '업사이클링'이 반드시 필요하다고 말했어.

업사이클링이 최근 들어 주목 받는 이유는 앞서 살펴본 '환경오염과 자원의 고갈'이 매우 심각해졌기 때문이야. 업사이클링은 재활용보다도 더 친환경적으로 물건을 대해. 그래서 환경과 자원을 지키는 데 매우 큰 도움을 주거든. 왜냐고?

업사이클링은 버리는 물건, 즉 쓰레기를 가지고 더 가치 있는 '새로운 물건'을 만들기 때문에 쓰레기 자체를 줄여 주는 효과가 있어. 흔히 재활용에 필요한 '재처리 과정'도 없기 때문에 자원도 아낄 수 있고, 친환경적이야. 말 그대로 재활용의 업그레이드 버전이 업사이클링인 셈이야.

게다가 빠르게 버려지는 물건의 생을 그대로 이어 준다는 점에서 '물건의 소중함'을 일깨울 수 있는 멋진 방식이기도 해.

리사이클링? 업사이클링? 다운사이클링?

우리가 흔히 말하는 재활용은 '리사이클링(re-cycling)'이야. 버려진 물건을 재처리해서 다시 새로운 물건으로 만드는 것이지. 재활용을 하려면 물건을 다시 원 재료로 분해하는 과정을 거쳐야 해. 그렇게 재처리하는 데도 많은 에너지가 들고, 오염 물질이 나오지.

리사이클링

업사이클링

다운사이클링

반면 낡은 물건을 그대로 다시 쓰는 '업사이클링'은 이러한 재처리 과정이 없어. 그래서 에너지와 오염을 막을 수 있지. 낡은 물건을 다시 쓴다고 해서 품질이나 디자인이 떨어지지도 않아. 업사이클링은 '낡은 물건에 더 많은 가치를 부여하는 것'이라고 했으니 말이야. 버려진 물건을 원료로 만들지 않고, 그대로인 상태에서 더 좋은 품질이나 디자인을 위해 재가공해.

==만일 재활용이나, 버려진 물건을 그대로 쓰는 '재사용' 과정에서 품질이 떨어진다면 그것은 '다운사이클링(downcycling)'이라고 해.== 버려진 종이를 재활용해서 조금 질이 낮은 종이로 만들어 낸 제품들을 다운사이클링으로 볼 수 있지. 버려진 플라스틱도 재활용 과정을 거쳐 질이 낮은 합성 물질로 만들어 낼 수 있어. 이 역시 다운사이클링이 된 플라스틱 제품이야.

> **필요한 것은 창의적인 생각뿐!
> 버려진 물건과 기발한 아이디어가 만난다면?**

　민주는 버려진 물고기병사 포장용기를 가지고 예쁜 머리핀을 만들었지. 레니는 마린왕자 포장용기를 가지고 멋진 오르골을 만들었어. 그뿐만이 아니야. 업사이클링 미술 교실에는 뽁뽁이로 만든 가방과 지갑, 다양한 포장재로 만든 아이디어 제품들이 전시되어 있었어.

　이처럼 업사이클링 제품은 딱히 대단한 기술이 필요하다든가, 만들기 어렵다든가 하지 않아. 필요한 것이라고는 '버려진 포장재'와 기발한 아이디어 정도라고나 할까?

업사이클링은 '창의적인 발상'과 아주 깊은 관련이 있어. 업사이클링의 정의에서 '더 많은 가치를 부여한다'는 것은 바로 버려진 물건의 쓰임새를 멋지게 변환시킬 아이디어가 필요하다는 이야기거든. 그리고 거기에는 '디자인'이 아주 많은 비중을 차지해.

자, 그렇다면 본격적으로 업사이클링 제품들을 한 번 살펴볼까?

늘어나는 착한 소비자들과 업사이클링 기업들

업사이클링은 환경을 생각하고, 자원을 소중히 여겨. 또한 윤리적인 관점에서 낡은 물건, 쓰레기를 버리지 않고 새 가치를 준다는 면에서 '착한 소비자'들에게도 큰 호응을 받았지. 착한 소비가 무엇일까? 바로 소비하는 행위에 선한 마음을 더하는 것을 말해. 이를테면, 조금 불편하더라도, '공정한 무역'을 거친 물건을 일부러 찾아 구매하는 행동도 착한 소비의 한 모습이지.

 나, 이웃, 동식물, 지구로 퍼져 나가는 착한 소비의 공감대는 점점 넓어지고 있어. 그리고 이런 소비자들을 대상으로 제품을 만드는 업사이클링 기업들도 생겨났지.

 대표적인 업사이클링 기업으로는 스위스의 브랜드 '프라이탁(FREITAG)'에서 만든 가방이 있어. 마커스 프라이탁과 다니엘 프라이탁 형제는 1993년부터 버려진 트럭 덮개를 이용해 가방을 제작해 왔어. 방수성이 탁월한 트럭 덮개를 소재로 비가 와도 젖지 않는 메신저백과 백팩을 만들었지. 유니크한 디자인을 가진 이 가방들은 패션을 뽐내는 젊은이들에게 큰 인기를 얻었어.

 또한 프라이탁에서는 스마트폰 케이스와 태블릿 PC 케이스를 만들어 멋진 디자인과 탁월한 기능으로 '디자인 프라이스 스위스 2011'에서 대상을 받기도 했지. 우리나라에서도 아주 큰 인기를 끌었어. 하지만 우리나라 구매자들은 이 브랜드의 제품이 트럭 덮개를 업사이클링한 것이라는 걸 모르고 산 경우

버려진 트럭 덮개와 멋진 아이디어의 만남, 프라이탁 형제와 가방들

가 대부분이었지.

　버려진 포장재가 명품으로 거듭난 경우도 있어. 미국의 에코이스트(ecoist)는 식음료 포장지를 업사이클링해 패션 제품을 만드는 회사야. 이 브랜드가 만든 핸드백은 할리우드 스타에게도 아주 인기가 많지. 인기 배우 카메론 디아즈는 이 브랜드의 가방을 애용한다고 해. 인기 있는 미드인 '섹스 앤 더시티'의 주인공들도 작품 속에서 이 가방을 메고 나왔어. 이렇게 할리우드 스타들에게 사랑받는 이 가방들은 놀랍게도 사탕 포장

지, 식품 포장재, 캔 뚜껑 등으로 만들었어. 4년간 이 브랜드에서 활용한 식음료 포장지가 무려 1500만 개 이상이라고 해. 그대로 버려졌다면 고스란히 쓰레기가 되었을 포장재들이 아이디어와 패션 감각으로 멋진 제품으로 거듭나게 된 거야.

작은 물결이 큰 파도로! 우리나라 업사이클링 산업의 현재

우리나라에는 2007년부터 디자이너들을 중심으로 업사이클링 활동이 시작되었어. 2013년 한국업사이클디자인협회(KUD)가 설립되고, 지금은 100여 팀이 활동하고 있지.

국내 업사이클링 브랜드로는 '두바퀴희망자전거'가 있어. 폐자전거를 수거해서 책상이나 조명과 같은 인테리어 제품들을 만드는 곳이

폐자전거에서 새로이 탄생된 제품

야. 이 회사는 전 직원의 90%가 노숙자들이라고 해. 버려진 쓰레기로 제품을 만들고 노숙인에게 일자리를 제공하는 것이지.

우리나라 업사이클링 기업 1호로 알려진 사회적 기업 '터치포굿'은 다양한 업사이클링 제품 프로젝트를 추진하며 '업사이클링'을 알리는 활동을 활발히 하고 있어.

서울의 명동성당에도 업사이클링 브랜드가 운영하는 공간이 있어. 업사이클링 브랜드 '래;코드'가 운영하는 '나눔의 공간'이란 곳에서는 업사이클링을 직접 보고 느끼는 것이 가능해. 국내외 아티스트들의 다양한 업사이클링 작품이 전시되어 있어. 관련 책들도 볼 수 있지. 주말에는 공방도 열어서 체험해 볼 수도 있다고 해.

창의력과 상상력을 키워 주는 업사이클링 아트

버려진 포장재들로 반드시 '어떤 제품'을 만들어 내야 업사이클링인 것은 아니야. '새로운 가치를 부여한다'는 측면에서 버

버려진 물건으로 예술 작품을 만든
크리스 조단

려진 물건으로 멋진 예술 활동을 해 볼 수 있어. 버려진 캔을 모아 멋진 예술 작품으로 재탄생시킨 예술가도 있어. 미국의 사진작가 '크리스 조단(Chris Jordan)은 각종 페트병과 음료수 캔을 모아 배열하고 조합해 멋진 그림을 만들어 내.

이처럼 버려진 물건을 새롭게 예술 작품으로 재탄생시키는 활동을 '업사이클링 아트'라고 해. 민주가 다니는 업사이클링 미술 교실에서도 새로운 물건을 만들어 내기도 하지만, 다양한 미술 활동을 하지. 그 과정에서 다양한 창의력과 상상력을 발휘해 볼 수 있어. 버려진 물건을 재료 삼아 멋진 작품을 만들어 낸다면 무척 보람되면서도 흥미로울 거야.

만드는 재미는 덤!
게임보다 더 재미난 배움이 되는 업사이클링 활동

사실 우리는 모두 업사이클링을 해 본 적이 있을 거야. 방학 숙제로 '재활용품 만들기'란 주제는 매우 익숙하니까. 이처럼 업사이클링은 자원을 아끼고, 기발한 창의력을 길러 주는 측면에서 매우 교육적인 효과도 있어. 재료와 제품의 쓰임에 대해 '더 근본적으로' 살필 수 있게 해. 문제를 해결하는 방식에 대해 생각해 볼 기회도 줘. 어린이 친구들에게 업사이클링 활동이 더 필요한 이유이기도 해.

직접 물건을 만들면서 얻는 재미도 빼놓을 수 없지. 요즘 기술의 발달로, 나에게 필요한 것을 직접 만들어 쓰는 '메이커(maker) 활동'이 인기를 얻고 있어. 업사이클링은 이러한 메이커에게도 아주 좋은 자극이 되어 줄 거야. 이들을 위해 업사이클링에 대해 알려 주는 기업도 있어. 예비사회적 기업 소셜이큐는 업사이클링에 대한 전문 교육은 물론 일반인들에게도 교

업사이클링 제품

 육 프로그램을 제공하고 있어. 이 프로그램에는 가족, 친구 등 여러 단위의 사람들이 참여해 업사이클링에 대해 배운다고 해.
 교육적인 측면이 크기 때문에 어린이 친구들을 대상으로 하는 업사이클링 활동도 매우 많아지고 있어. 2017년 국립민속박물관에서는 '조상들도 업사이클링을 했다'는 것을 알려 주는 쓰레기 특별전을 열었어. 전시 끝에는 '새활용 상상놀이터'에서 직접 업사이클링 활동을 해 볼 수도 있지.
 2014년부터 매년 여수 엑스포에서는 '업사이클링 페스티벌'을 개최하고 있어. 넘치는 해양 쓰레기를 소재로 업사이클링을

어린이 친구들이 참여하는 업사이클링 미술 교실

해서 가치 있는 새 물건으로 만들자는 취지로 열리는 행사야. 어린이 친구들에게도 유익한 프로그램이 아주 많기 때문에 꼭 한 번 참여해 보았으면 해.

지역 도서관 등에서도 '업사이클링'을 주제로 많은 체험 활동을 기획하고, 봉사 활동도 진행하고 있으니 살펴보도록 하자.

미래를 지키는 따뜻한 실천이 되다!
업사이클링과 지역 활동

  가치 있는 소비와 환경에 대한 관심이 높아지면서 우리나라에서도 업사이클링에 대한 움직임도 더욱 활발해지고 있어. 그 움직임에 발맞춰 2017년 9월 서울에서는 국내 최대 규모의 업사이클링 센터 '서울새활용플라자'가 개관했어.

  혹시 업사이클링을 우리 말로 무엇이라고 하는지 알고 있니? 바로 '새활용'이라고 해. 말 그대로, 버려지는 물건을 가지고 '재활용'을 넘어서 새로운 물건으로 거듭나게 한다는 뜻을 지닌 말이지. 업사이클링보다 더 쉽게 이해되기 때문에 이제부터는 우리말인 '새활용'이 널리 쓰여도 좋겠지?

  서울새활용플라자에서는 다양한 업사이클링 제품과 작품을 전시해. 시민들이 체험해 볼 수 있는 프로그램 또한 운영하고 있어. '업사이클링'을 주제로 작가들이 활동할 수 있도록 공방도 운영해 직접 업사이클링 제품을 만들고 팔기도 해. 자유롭게 제품을 창작하고, 실험해 볼 수 있는 공간을 마련해 '꿈꾸는 공장'이라고 이름 붙이기도 했지.

　이 센터에서 탄생된 창의적인 제품과 디자인은 아마도 업사이클링이 어떤 모습으로 구현되는지를 확인하는 좋은 방법이 될 거야.

　그 밖에도 어린이 친구는 물론 어른들도 참여할 수 있는 프로그램과 워크숍 등을 마련하고 있어. '업사이클링'이 어떤 모습인지 궁금한 친구들은 이곳에서 많은 견문을 넓힐 수 있을 거야. 하나의 문화로서 '새활용'이 발돋움할 수 있도록 지역 사회와 연계해 다양한 활동을 만들어 나가고 있으니, 꼭 한 번 참여해 보기를 바라.

관련 교과 정리

따뜻한 실천, 업사이클링 사회와 만나다

5학년 1학기 사회	2. 환경과 조화를 이루는 국토 4. 우리 사회의 과제와 문화의 발전
6학년 2학기 사회	4. 변화하는 세계 속의 우리

따뜻한 실천, 업사이클링 도덕과 만나다

3학년 도덕	4. 아껴 쓰는 우리
3학년 도덕	우리가 만드는 도덕 수업 2. 우리 모두를 위한 길
5학년 도덕	8. 우리 모두를 위하여

따뜻한 실천, 업사이클링 과학과 만나다

6학년 1학기 과학	2. 생물과 환경

따뜻한 실천, 업사이클링 미술, 기술과 만나다

미술 5-6학년 통합	2. 표현과 창작의 세계
5학년 실과	2. 생활과 기술

국어, 사회, 과학, 기술, 도덕, 경제까지
교과목 공부가 되고 세상의 눈을 키우는 상식도 쌓아주는
사회과학 동화 시리즈

공부가 되고 상식이 되는! 시리즈 ❶
어린이 생활 속 법 탐험이 시작되다!
신 나는 법 공부!
장보람 지음, 박선하 그림 | 168면 | 값 11,000원

변호사 선생님이 들려주는 흥미진진한 법 지식과 리걸 마인드 키우기!
이 책은 어린이 친구들에게 법률 지식은 물론 실생활에서 일어나는 크고 작은 사건들을 통해 법적 시야를 길러준다. 흥미로운 생활 이야기를 통해 어린이 친구들이 법적 추리, 논리를 배우고 꼭 필요한 시사상식을 알 수 있게 한다. 현직 변호사 선생님이 직접 동화와 정보를 집필하여 어린이 친구들에게 자연스럽게 리걸 마인드(legal mind)를 키워낼 수 있도록 돕고 있다. 생활에 필요한 법 지식을 배우게 되어, 법치 질서가 중요해지는 미래 사회의 인재로 자라나게끔 이끌어준다.

공부가 되고 상식이 되는! 시리즈 ❷
동화로 보는 착한 소비의 모든 것!
미래를 살리는 착한 소비 이야기
한화주 지음, 박선하 그림 | 148면 | 값 11,000원

친환경 농산물, 동네 가게와 지역 경제, 대량생산vs동물복지, 저가상품vs공정상품
이 책은 어린이 친구들에게 현대 사회의 중요 행동인 "소비"를 통해 사회 활동과 경제 활동에 대한 이해를 높이며, 현명한 소비 생활에 대해 생각거리를 던져 주는 동화책이다. 왜 싼 제품을 사면 지구 건너, 혹은 이웃 나라의 아이들이 더 고생하게 되는지, 왜 동네 가게 주인아저씨의 걱정이 대형마트와 관련이 있는지, 어린이 친구 눈에는 잘 이해되지 않는 소비에 관한 진실과 흐름을 들려준다. 세상은 더 연결되어 있고, 나의 작은 소비가 어떤 영향력을 가지는지를 알려준다. 어린이 친구들에게 '소비'라는 사회 행위에 담긴 윤리성과 생각거리를 일깨워 주고 다양한 쟁점에 대해 이야기해 보도록 제안한다.

국어, 사회, 과학, 기술, 도덕, 경제까지
교과목 공부가 되고 세상의 눈을 키우는 상식도 쌓아주는
사회과학 동화 시리즈

공부가 되고 상식이 되는! 시리즈 ❸

똑똑한 경제 습관과 금융 IQ를 길러 주는 어린이 금융경제 교육

적금은 뭐고 펀드는 뭐야?

김경선 지음, 박선하 그림 | 120면 | 값 11,000원

동화로 보는 어린이 금융경제 교육의 모든 것!

이 책은 어린이 친구들을 유혹하는 다양한 금융 서비스와 환경에 대해 제대로 살펴보고, 실생활에서 꼭 필요한 금융경제 지식에 대해 알려준다. 이미 선진국에서는 의무교육화된 '어린이 금융경제교육'의 필수 내용을 재미있는 동화로 풀어내고 있다. 어려워 보이는 금융 용어에 대해 이야기로 살펴보며, 경각심을 지켜야 할 부분에 대해 방점을 찍어준다. 금융의 책임감과 편견에 대해서도 바로잡아주며, 경제에 대한 균형 잡힌 시각을 키워주는 책이다.

공부가 되고 상식이 되는! 시리즈 ❹

우리가 소셜 미디어를 하면서 반드시 알고 지켜야 할 것들의 모든 것!

미래를 이끄는 어린이를 위한
소셜 미디어 이야기

한현주 지음, 박선하 그림 | 152면 | 값 11,000원

1인 미디어, 실시간 정보검색, 온라인 인간관계 길잡이, 올바른 SNS 사용규칙

이 책은 소셜 미디어 시대를 살아가는 어린이들에게 다양한 디지털 기기(스마트폰, 컴퓨터, 미니패드 등)를 통해 접하는 'SNS 서비스가 나에게 어떤 영향을 끼치는지' 재미있는 동화를 통해 깨달아간다. 더 나아가 익명성, 사생활 침해, SNS 중독 같은 사이버 문제를 해결하고 지켜야 할 윤리, 규칙에 대해서도 가르쳐준다. 소셜 미디어와 디지털 기기의 특성을 하나하나 살펴보며 온오프의 균형 감각을 가지고 슬기롭게 생활하는 방법을 일깨워준다. 바야흐로 미래의 주인으로 성장할 어린이 친구들에게 꼭 필요한 SNS 길잡이다.

국어, 사회, 과학, 기술, 도덕, 경제까지
교과목 공부가 되고 세상의 눈을 키우는 상식도 쌓아주는
사회과학 동화 시리즈

공부가 되고 상식이 되는! 시리즈 ❺
동화로 보는 SW교육, 사물인터넷, 인공지능 로봇, 로봇 세상의 생활과 진로!
어린이를 위한
인공지능과 4차 산업혁명 이야기
김상현 지음, 박선하 그림 | 163면 | 값 12,000원

과학 기술과 데이터, 로봇과 공존하는 인공지능 시대를 살아갈 어린이 친구들을 위한 과학 동화
이 책은 인공지능 기계와 함께하는 미래에 대해 쉽고 재미있게 알려주며, 정보통신 기술이 가져온 4차 산업혁명에 대해 살펴보는 과학 동화책이다. SW 교육, 사물인터넷, 인공지능, 로봇 세상의 일자리 등 한 번쯤 들어는 봤지만, 구체적으로 무슨 내용인지는 모르는 디지털과학의 영역을 동화로 흥미롭게 살펴본다. 어린이 친구들은 기계와 다른 인간의 고유한 가치와 영역에 대해 자연스럽게 깨닫고, 미래에 필요한 창의적 사고력, 컴퓨팅 사고력을 키우게 될 것이다. 또한 미래 사회의 주역으로 성장할 어린이 친구들에게 필요한 소양과 가치 판단에 대한 생각거리를 던져주고, 토론 주제도 이야기한다.

공부가 되고 상식이 되는! 시리즈 ❻
동화로 보는 '4차 산업혁명 시대'에
따뜻한 기술이 가져오는 행복한 미래와 재미난 공학
어린이를 위한 따뜻한 과학, 적정 기술
이아연 지음, 박선하 그림 | 163면 | 값 12,000원

어린이를 위한 "따뜻한 기술과 윤리적인 과학"에 대한 흥미롭고도 실천적인 이야기!
이 책은 동화를 통해, 인간을 이롭게 도우려 탄생한 '기술'에 '나와 이웃' 그리고 '환경, 디자인, 미래'에 대한 인문적 시각을 담은 '적정 기술'을 알려준다. 동화를 토대로 적정 기술의 다채로운 면을 소개하기 때문에, 어린이 친구들이 효과적으로 이해하고 재미있게 받아들일 수 있다. 과학 기술이 발전할수록 오히려 소외되는 이들이 있음을 이야기하며, 과학 기술을 배우는 어린이 친구들에게 '인문적 고민'에 대해 알려주는 생각동화책이다. 4차 산업혁명의 시대에 우리에게 드리울 '빛과 그림자'에 대한 토론거리도 던져 주며, 그 대안이 될 과학 기술인 '적정 기술'에 대해 재미있게 배워볼 수 있을 것이다.